악수한 사람을 놓치지 마라

악수한 사람을 놓치지 마라

김대중 지음

매일경제신문사

입사 때의 올챙이 시절이 생각납니다. 1980년대 후반 우리나라 증시가 사상 처음으로 1,000포인트를 돌파하던 때였습니다.

당시 저는 증권회사 신입사원으로 근무중이었습니다. 앞에는 상담을 기다리는 고객 분이 앉아 계시고, 왼쪽 어깨로는 전화 수화기를 낀채 손으로는 주문지를 작성하는 1인 3역의 역할을 했습니다.

저와 같이 점심 먹기를 원하는 고객 분들이 줄을 섰지만 한 번에 여러 명과 점심을 먹을 수는 없는 노릇이었지요. 그래서 어느 한 분과 점심이라도 같이 먹고 오게 되면 그 분에게 다른 사람들이 몰려가 "그래, 김주임이 뭐래? 무슨 종목 사래?" 하며 묻곤 했습니다.

증권회사 말단 직원이었지만 참으로 행복했던 시절이었습니다. 걸려오는 전화주문만 잘 받아도 충분히 실적을 올릴 수 있었고 자리에 가만히 앉아만 있어도 고객들이 스스로 찾아왔으니까요.

그런데 증시가 폭락하자 어느 순간 고객들의 발길이 뜸해졌습니다. 걸려오는 전화도 드문드문 줄었습니다. 전화주문으로 실적을 올리기는 요원한 일이 되었습니다. 증시 활황을 타고 수많은 지점이 생겨나고 또 많은 직원이 채용되었지만 오히려 내방고객은 줄어드는 현상이 발생했습니다.

객장에 앉아서 고객을 기다리기보다 밖으로 뛰어나가야 했습니다. 고객을 섭외해야 하는 아웃 도어 세일즈(Out Door Sales), 즉 ODS의 시대가 되었던 것입니다.

하지만 ODS를 해보지 않은 직원들은 밖에 나가서 무엇을 어떻게 해야 하는지 방법을 몰라 헤매기 일쑤였습니다. 윗분들은 무조건 밖에 나가서 손님과 접촉하라고만 지시했지, 어디로 나가야 하는지, 만나서 무슨 이야기를 어떻게 해야 하는지에 대해서는 가르쳐주지 않았습니다.

그러다보니 ODS 영업을 한다고 나와서 하릴없이 공원 벤치에 앉아 있다가 오기도 하고, 목욕탕에 가서 적당히 시간을 때우다 사무실로 복귀하는 직원도 있었습니다. 간혹 큰 용기를 내어 무작정 상가나 업체를 방문해보기도 하지만 결과물이 나오지 않으면 실망하고 포기해버리는 직원들도 많았습니다.

ODS영업에 있어서 노력과 결과물은 비례하는 법입니다. 하지만 많은 사람들은 최소한의 노력으로 최대한의 결과물을 얻어내려 합니다. 그러다 보니 쉽게 실망하고 쉽게 포기하는 것입니다.

저는 이런 현실이 참 안타까웠습니다. 그래서 제가 지점장이 되자 직원들과 함께 효과적인 ODS영업에 나섰습니다. 먼저 타깃을 세우고, 그 타깃에 맞는 전략을 세우고, 그 다음에 액션플랜(action plan)을 짜서 행동으로 들어간 것이지요.

예를 들어 제가 광명지점장으로 근무할 당시에는 지역 마케팅을 4가지로 분류했습니다. 첫 번째는 아파트 중심지역인 하안동 지역에 대한 마케팅, 두 번째는 아파트와 중심 상가가 몰려 있는 철산동 지역에 대한 마케팅, 세 번째는 재래시장이 있는 광명역권, 네 번째는 지하철로 한 정거장인 가리봉역의 디지털 단지에 대한 마케팅으로 분류했습니다. 그리고 그 각각에 대한 전략을 세우고 액션플랜을 짜서 행동으로 옮겼지요.

이러한 방법들은 제가 10여 년 전 일본의 다이와 증권에서 연수할 때 배운 것이기도 합니다. 일본의 증권회사는 예전부터 수익증권 판매 업무를 실시하고 있었기 때문에 신입사원은 입사하자마자 ODS 영업을 해야 했습니다. 그리고 이것이 몸에 배어 지금도 일본의 증권회사 직원들은 밤늦은 시간까지 ODS에 열중하고 있습니다.

ODS영업에 있어서 중요한 것은 '은근' 과 '끈기' 입니다. 즉 한 번 만난 사람은 절대 놓치지 않겠다는 마음가짐이 필요한 것이지요.

처음 만난 사람에게 마음을 터놓는 경우는 없을 것입니다. 만약 처음 만난 자리에서 대뜸 개인자산이 얼마이고, 결혼은 언제 했으며, 자녀는 몇 명 있느냐고 물어보면 아마 대부분 거부감을 느낄 것입니다.

하지만 한 번 보고 두 번 보고 또 세 번을 보면 조금씩 그 사람에게 마음을 열게 됩니다. 이렇게 관계가 진행되어야 상대방으로부터 가족에 대한 사항이나 자산에 대한 상황을 들을 수 있지요.

이 책의 제목처럼 악수한 사람은 놓치지 말아야 합니다.

옷깃만 스쳐도 인연이라고 하는데 하물며 악수까지 했으니 그 얼마나 깊은 인연입니까? 긴 시간을 두고 그 끈을 놓치지 말아야 합니다. 그래서 그 인연의 실타래를 고이 간직하여 좋은 인맥으로 승화시켜 나가야 합니다.

우리는 이런저런 일로 수많은 사람과 만나 악수를 하며 첫 인사를 하고 명함을 나눕니다. 이렇게 만난 사람들은 대개 첫 만남으로 끝나는 경우가 많습니다.

그러나 이들은 우리의 힘을 키우는 소중한 자산이 될 수 있습니다. 정성을 다해 인연을 키워나가면 언젠가는 우리의 큰 울타리로 성장해갈 것입니다.

이 책은 제가 증권회사에 몸담고 있으면서 저 스스로 터득하고 축적한 노하우를 정리한 책이기도 하고 다른 사람의 노하우를 소개하기도 한 책입니다.

미리 말씀드리고 싶은 것은 저의 주관이 많이 개입된 책이라는 사실입니다. 따라서 읽는 사람에 따라서 '이건 아닌데? 하는 생각을 할 수도 있을 것입니다. 하지만 반박하지는 말아주십시오. 단순히 저의 견해를 피력한 것으로 이해해주시고 넘어가 주시면 감사하겠습니다. 만일 활용하고 싶은 부분이 있다면 얼마든지 마음대로 활용하십시오.

　저의 경험과 노하우를 담은 이 자그마한 책이 부디 여러분의 인맥관리에 조그마한 단초라도 제공되었으면 더 이상 바랄 것이 없습니다.

김대중

contents

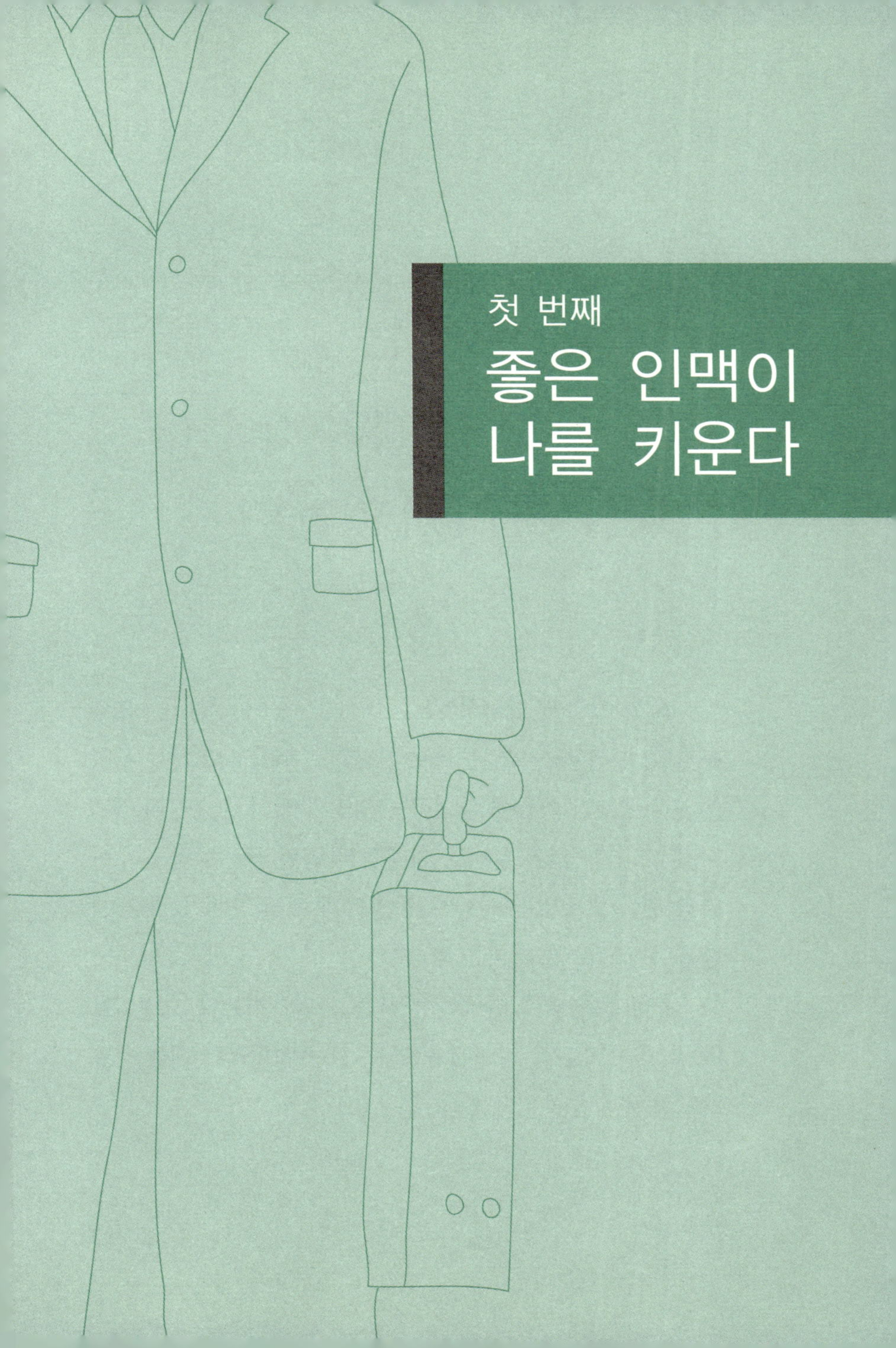

첫 번째

좋은 인맥이
나를 키운다

섭외는 때와 장소를 가리지 않는다

요즘 기업에 있어서 가장 핵심을 이루는 부서는 영업 부서다. 예전에는 영업부서보다 관리 부서를 선호하는 경향이 뚜렷했지만 최근에 들어서는 영업 부서의 중요성이 점점 더 강조되고 있다. 실제로 대기업의 임원들을 보면 순수한 관리 계통에 있었던 사람보다 영업 쪽에서 잔뼈가 굵은 사람들이 점점 더 늘어나는 추세다.

또한 고정급에 만족해야 하는 관리부서보다 고정급보다 몇 배나 더 많은 상여금을 줄 수 있는 영업직에 대한 선호도도 덩달아 높아지고 있다.

영업직 직원으로 쉽게 생각할 수 있는 자동차 세일즈맨이나 보험회사의 설계사 중에는 억대 연봉자가 의외로 많다. 보험회사의 영업소마다 억대연봉자가 최소한 1명 이상씩은 있다고 보험회사에 근무하는 사람으로부터 들은 적이 있다.

물론 많은 영업직원들이 자신의 역량부족으로 위기를 극복하지 못하고 도태되는 것도 사실이다.

하지만 노력하기에 따라서 억대 연봉자가 될 수 있는 기회가 주어지는 직업 또한 많지 않은 것도 현실이다.

연말이나 연초에 '보험대상' 이나 '자동차 판매왕' 상을 받는 사람들의 면면을 보면 좋은 학벌이나 좋은 집안 출신이 아닌 경우가 더 많다.

학벌우선주의가 만연한 우리 사회에서 어떻게 그 사람들은 억대연봉자가 될 수 있었을까? 이 사람들에게는 남들과 다른 마케팅 기법이 있었을 것이다. 그리고 그 마케팅의 근본은 섭외에서 시작된다.

제일 먼저 강조하고 싶은 것은 섭외란 '우리의 일상생활 그 자체' 라는 것이다.

섭외란 절대 거창한 것이 아니다. 하지만 많은 사람들

은 섭외가 조직적이며 계획적이어야 한다고 생각한다. 물론 조직적이고 계획적이면 더 효율이 높을 것이다. 하지만 무계획적이고 무조직적인 섭외가 더 큰 성과로 나타나는 일이 비일비재하다. 무계획적이고 무조직적이라고 말하니까 오해가 생길지도 모르겠는데, 이의 진정한 의미는 계획적으로 진행하되 계획에 없다고 소홀히 하지 말라는 것이다.

섭외를 언제 해야 하는가? 바로 지금이다. 섭외를 어디서 해야 하는가? 바로 이 곳이다. 섭외를 누구에게 해야 하는가? 바로 내 앞에 있는 사람이다.

즉 섭외란 지금 이 곳에서 바로 내 앞에 있는 사람에게 자연스럽게 행하는 것이다.

자연스러운 섭외

몇 해 전 필자는 회사로부터 꼴지 점포를 살려놓으라는 특명을 받고 지점장으로 부임했었다. 그 때 생긴 병 중 하나가 바로 '과민성 대장증상' 이다. 지점 실적이 특별히 나쁘거나 지점 내에서 좋지 않은 일이 생기면 아랫배가 살살 아프고 급기야는 설사로 이어지곤 했었다.

어느 날 출근길에 이 병이 도져서 그만 속옷에 실례를 하고 말았다. 지점에 도착하여 내의를 급히 사다가 근처 목욕탕에 가서 샤워를 한 후 갈아입었는데 문득 머리를 보니 머리 깎을 때가 되었다. 떡 본 김에 제사 지낸다고 이발까지 하게 되었는데 그 때 그 이발사와 이 얘기 저 얘기를 하면서 주식이야기를 하게 되었다(사실은 내가 주식이야기로 유도했다고 하는 것이 더 맞는 표현일 것이다).

어쨌든 "내가 근처 교보증권의 지점장이다. 지금 D증권에 있는 주식을 교보증권으로 옮기시라. D증권보다는 교보증권이 더 가깝지 않느냐? 그리고 교보증권으로 오시면 내가 유능한 직원을 소개시켜 주겠다" 하면서 그 이발사를 섭외했다.

섭외는 바로 이런 것이다.

꼭 높은 지위에 있는 사람을 만나는 것만이 섭외가 아니요, 중요한 직책에 있는 사람을 만나는 것만이 섭외가 아니다. 따라서 아무 도움이 되지 않을 것 같은 사람이라고 허술하게 생각하는 것은 금물이다.

법인 섭외시 높은 직급의 관계자를 만나는 것도 중요하지만 그 회사의 수위나 경비, 그리고 사무실의 말단 여직원

에게서 점수를 딴다면 그 법인 섭외는 훨씬 수월해질 것이
다. 높은 직급의 관계자나 담당자들은 보안의식이 투철하여
고급정보를 얻기가 힘든 법이다. 하지만 오히려 말단여직원
들과 친해지게 되면 오히려 그 곳에서 고급정보를 얻을 수
도 있다.

그래서 법인영업을 하는 주로 하는 최씨의 가방에는 항
상 스타킹이 들어 있었다. 스타킹도 세 종류를 준비하여 바
지가 유니폼인 곳에서는 판타롱 스타킹을 주고 치마를 유니
폼으로 입는 곳에서는 밴드스타킹을 준다. 겨울에는 체온
유지에 좋은 팬티스타킹을 주로 선물한다.

솔직히 높은 지위에 있고 중요한 직책을 맡고 있는 사
람에게는 수많은 사람들이 접근한다. 내가 접근한다면 나는
그 수많은 사람 중의 한 사람일 뿐이다. 이런 경우 그 사람이
나를 기억하기란 쉽지 않다. 어려운 곳에서 어렵게 일을 하
려 하지 말고 쉬운 곳에서 쉽게 일을 해야 한다. 이 점을 명
심해야 한다.

결국 섭외는 지금 현재 내가 있는 곳에서부터 시작해야
한다. 지금 내가 있는 곳을 한번 둘러보자. 그리고 눈에 보이
는 것부터 먼저 시작하자. 그렇게 차근차근 넓혀 나가야 한다.

인맥

그럼 나와 가장 가까이 있는 것은 무엇일까? 여기서 우리는 우리의 인맥에 대해 한 번 생각을 해보았으면 한다. 정도의 차이는 있겠지만 누구에게나 인맥은 있다. 다만 사람에 따라 어떤 사람은 아주 촘촘하게 얽힌 치밀한 인맥을 가지고 있을 것이고 또 어떤 사람은 엉성하게 얽힌 헐거운 인맥을 가지고 있을 것이다. 그럼 그 인맥을 중심으로 해서 섭외를 시작해보는 것이 순서일 것이다.

이 때 한 가지 짚고 넘어가야 할 문제가 있다. 보험영업을 처음 시작하는 사람들이 저지르기 쉬운 오류인데 자신의 친인척에게 보험 상품을 강매하고 그 밑천이 떨어지면 회사를 그만두는 방식이다. 이것은 인맥마케팅을 정확히 이해하지 못해서 생기는 현상이다. 보험 상품을 팔더라도 상대방이 정녕 필요한 것을 팔았다면 이는 강매가 아니다. 하지만 상대방의 처지를 무시하고 상대방에게 불필요한 보험 상품을 팔았다면 이는 혈연을 빙자한 강매에 지나지 않는다.

혈연에게 보험 상품을 파는 것이 중요한 것이 아니라 그 혈연을 '키맨(Key Man)'으로 활용하여 소개를 받고 중

간허브(Hub)의 역할을 할 수 있도록 하는 것이 더 유용한
방법이다.

낯선 사람을 만나는 것과 소개를 받고 만나는 것은 큰
차이가 있다. 아직도 배타적인 사고방식에 젖어 있는 우리
나라 사람들은 낯선 사람과의 만남, 특히 날 찾아온 낯선 사
람에게는 일단은 경계심을 가지고 대한다. 하지만 소개를
받게 되면 그러한 경계심에서는 일단 벗어날 수 있다. 누군
가가 나를 소개해주는데 주저하지 않도록 나 자신을 좀 더
단련시키는 것은 당연하다.

섭외는 현재 내가 있는 곳에서 가장 가까운 사람부터
시작하되 그들을 이용하려 하지 말고 활용하려고 노력해야
한다. 이용한다는 것은 나의 이익을 위해 상대방에게 불이
익을 가하는 것이고 활용한다는 것은 나의 이익과 상대방의
이익이 합치하는 윈-윈 게임이기 때문이다.

인맥

마케팅

우리는 태어나면서부터 많은 관계를 맺으며 살아간다. 태어나면서는 자연스레 혈연의 울타리 속에서 보호받고, 좀 더 자라서는 지연이라는 공통분모를 가지며, 학교에 들어가게 되면 학연이라는 것을 얻게 된다. 군대를 다녀온 사람은 군대의 인맥도 형성하게 되고 사회에 나와서는 사회의 인맥을 형성하며 살아가게 된다.

우리는 무인도에 사는 것이 아닌 이상 늘 새로운 사람을 만나고 인사를 하며 하루를 보낸다. 이렇게 우리를 스쳐간 많은 사람들 중에는 우리의 머리 속에 남는 사람도 있고 전혀 기억에 없는 경우도 생긴다.

이 세상에서 가장 불행한 사람은 '잊혀진 사람' 이라고 한다. 우리가 불행해지지 않기 위해서는 우리가 잊혀진 사람이 되어서도 안 되고, 남을 불행하게 하지 않기 위해서는 남을 잊어서도 안 된다. 이렇게 잊지 않고 늘 가슴에 품고 살아간다면 좋은 인맥을 가질 수 있음은 자명하다.

좋은 인맥을 가질 수 있다는 것은 모든 일에 있어서 훨씬 유리한 고지에서 일을 시작할 수 있음을 의미한다. 회사원으로 일을 하건, 자영업을 하건 폭 넓은 인맥은 개인의 성공을 뒷받침하는 강력한 무기다. 그리고 이런 인맥이 있음으로써 개인의 목표를 훨씬 더 앞당길 수도 있다. 한 마디로 인맥은 금맥인 것이다.

중국의 고전 삼국지를 읽어보면 재미있는 전쟁 장면들이 여러 군데 나온다.

먼저 한 쪽 진영에서 장수가 나와 상대편 장수를 향해 육두문자를 섞어서 싸움을 걸면 상대편 장수는 질세라 같이 육두문자를 쓰면서 달려든다. 그러다 어느 한 쪽이 불리해지면 응원 장수가 나타나 협공을 하고 결국 패한 쪽의 진영은 사기가 떨어져 자중지란을 일으키며 와르르 무너지는 모습을 보여준다.

청룡언월도를 쓰는 관우나 장팔사모를 휘두르는 장비의 파워가 수많은 병사들보다 더 큰 위력을 보이는 것이다. 그 시대에는 한 명의 탁월한 장수가 보통병사 수백 명의 몫을 해내었다.

현대는 독불장군의 시대가 아니다

하지만 현대에 들어와서는 분업이 철저히 이루어졌고 따라서 독불장군이 설 자리도 그만큼 줄어들었다. 전쟁을 하기 위해서는 뛰어난 군인뿐만 아니라 위력적인 중화기도 있어야 하고 적의 상황을 알아내는 정보도 있어야 한다. 무엇보다도 중요한 것은 이런 모든 것이 팀워크를 이뤄야 한다는 것이다. 이런 팀워크를 위해 원만한 인맥이 있어야 함은 자명하다. 독불장군의 시대는 지난 것이다.

수없이 많은 마케팅의 기법이 있지만 그 중에서 인맥마케팅은 개인의 맨파워에 절대적인 영향을 미친다. 자신에게 형성된 인맥은 현재 나의 위치를 더욱 튼튼하게 해주고 또 내가 회사를 그만두고 새로운 사업을 시작할 때에도 큰 도움이 된다. 이렇듯 인맥마케팅은 내 자신의 가장 든든한 후

원자이자 또 조력자의 역할을 같이 해 주는 것이다.

인맥마케팅은 어느 한 순간에 이루어지는 것이 아니고 긴 시간을 요하는 마케팅이다. 하지만 한 번 형성이 되면 더할 수 없이 강력한 마케팅이다.

현대사회는 갈수록 개인화 되고 있고 시간이 흐를수록 개인의 몸값을 따지는 시대가 되고 있다. 본인이 가지고 있는 강력한 인맥이 본인의 몸값을 올리는데 큰 역할을 할 것임은 자명하다.

관리란 누구를 질책하는 일이 아니다

한 관리자가 청소한 지 얼마 되지 않아 반질반질 윤이 나는 회의실 바닥에 누군가 짙은 가래침을 뱉은 것을 발견했다. 통상적인 방법으로 처리하자면 당장 그 범인을 색출하여 엄벌에 처하는 것이 도리이겠으나 그 관리자는 그렇게 하지 않았다.

그는 관리직원들을 모두 모아놓고 그들이 보는 앞에서 자신의 손수건을 꺼내 그 가래침을 깨끗이 닦았다. 그리고 이 일 이후 유사한 일이 다시는 이 회사에서 발생하지 않았다.

※ 편집자 주 : 사람과의 만남에서 중요한 것 중 하나가 대화의 기술입니다. 이러한 대화의 기술을 풍성하게 해줄 교훈적 우언을 《CEO 경영우언》(정광호 편저)에서 엄선하여 중간중간 실었습니다.

인맥은 넓혀진다

고요한 호수에 돌멩이를 던지면 조그만 파문이 점점 퍼져나간다. 인맥이 바로 그런 것이다. 처음에는 작았던 파문이 점점 크게 번지듯이 인맥도 그렇게 번진다.

사람과 사람사이의 만남이 그러하듯 내가 A라는 사람과 친하게 되면 A와 가까운 사람들도 나와 친해지게 된다. 친구의 친구가 다시 친구가 되고 그 친구의 친구가 다시 친구가 되는 이런 단순하면서도 복잡한 관계가 바로 사람들이 만나는 관계가 아닐까?

실제로 영업에 나서다 보면 이런 경우를 자주 접할 수

있다. 몇 해 전 증권저축 캠페인 때문에 지인을 만나러 사무실을 방문하였다. 주식저축에 대해서 한참을 설명하고 있는데 옆 자리에 있던 사람이 관심을 보였다.

결국 원래 섭외 대상으로 방문한 지인은 증권저축에 가입하지 않고 그 옆 자리에 앉아 있던 사람과 그 사무실의 또 다른 사람, 이렇게 2명이 가입하였다. 필자는 증권저축 캠페인 때문에 지인을 방문했지만 보험영업을 하시는 분들의 말씀을 들어보면 이러한 경우가 비일비재하다고 한다.

물론 이렇게 사람들을 여럿 만나게 되면 그 중 인격적으로 흠이 난 사람을 만날 수도 있다. 이렇게 같이 상종하지 못할 인간이라는 생각이 들더라도 그 표시를 얼굴에 담지 말고 가슴 속에만 담는 지혜가 필요하다.

호, 불호가 뚜렷한 성격을 흔히 남자답다고 표현하지만 이런 남자다움은 인맥관리에 전혀 도움이 되지 못한다. 때론 노회한 정치인처럼 헛웃음을 지을 줄도 알아야 한다.

전화 한 통화로 모든 것을 해결할 수 있는 사람은 사실 생각보다 많지 않다. 전화 한 통화로 모든 것을 해결하는 경우는 우리가 모르는 수많은 시간이 녹아있기 때문에 가능한 것이다. 그래서 인맥을 형성했다고 즉시 써먹으려고 하면 안 된다. 병원에서 주사 한 방 맞으면 감기가 떨어진다고 하지만 인맥에서 그런 즉효성을 기대했다간 사람이 떨어져 나간다. 인맥이란 목적을 가지고 형성하는 것보다 그냥 순수한 마음으로 형성해 나가는 것이 가장 좋다.

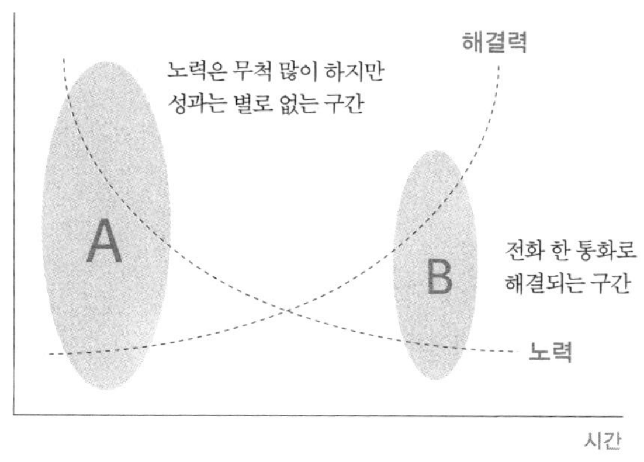

위의 그래프에서 보듯이 인맥을 통한 해결력은 긴 시간이 이루어 진 뒤에 발생한다. 전화 한 통화로 해결하는 구간은 B구간이다. 이 구간은 많은 시간과 누적된 노력으로 획득할 수 있는 구간이다.

함정에 빠지기 쉬운 A구간

여기에 비해서 A 구간은 많은 노력을 필요로 하지만 성과는 극히 없는 기간이다. 대부분의 사람들이 이 때 포기하면서 실망하고 좌절한다. 이러한 고비를 넘기면 두 곡선이 교차하는 점을 지나게 되고 이 고비를 넘긴 사람들은 넓은 인맥을 적절히 활용할 줄 아는 사람이 되는 것이다.

이렇듯 인맥은 긴 세월을 두고 형성되며 또 넓혀진다. 필요에 의해 조급한 마음으로 인맥 만들기에 나선다면 그런 관계는 금방 깨지기 십상이다.

그저 얼굴 정도 아는 사이인데 어려운 부탁을 한다면 상대방은 불편하게 생각하고, 그렇게 되면 만남은 더 이상 지속되지 못한다. 인맥에 있어서 가장 큰 적은 '조급한 마음'이라고 할 수 있다.

필자의 지점장 시절, 갓 부임한 지점에서 한 직원이 "지점장님, 돈 있으면 좀 빌려주십시오"라고 부탁을 했다. 직원들과 돈거래를 하지 않는 것이 철칙인 필자가 여윳돈이 없다며 완곡하게 거절하자 이 직원은 "그래도 지점장님이 제일 여유가 있으실 것 같아서…"하며 돌아섰다. 이런 경우가 조급함의 대표적인 경우이다. 제대로 알지도 못하는 직원이 대뜸 돈을 빌려달라고 하면 당황할 수밖에 없다. 그리고 이렇게 부탁하는 것을 가벼이 여기는 사람과는 좋은 인맥을 만들고 싶은 생각이 사라진다. 이런 사람과 관계를 맺었다간 수시로 크고 작은 부탁을 늘어놓을 것이기 때문이다.

활쏘기를 즐긴 왕의 비극

제나라의 선왕은 활쏘기를 매우 좋아했다. 그러나 그의 활 당기는 역량은 삼백 근을 초과한 적이 없었다. 선왕은 그가 아끼는 활을 자주 주위 사람들에게 보여주며 자랑했다. 주위 사람들은 선왕의 활을 시범적으로 당겨 보곤 했다.

그러나 모두가 반 정도를 당기다 멈추고는 말했다.

"이 활은 참으로 강궁(强弓)입니다. 만일 천 근의 힘이 없다면 절대 이 활을 끝까지 당길 수가 없을 것입니다! 대왕이 아니시면 누가 감히 이 활을 쓸 수가 있겠습니까?"

선왕은 매번 이런 이야기를 듣고 매우 기뻐했다. 그는 죽을 때까지 자기 활이 천 근의 힘이 필요한 강궁으로 알고 있었다. 이 어찌 비극적인 일이 아니겠는가? 〈呂氏春秋〉

동반 성장을 노려라

인맥을 형성해 나가면서 명심해야 할 것 한 가지는 같이 커나가야 한다는 것이다.

이 때 같이 커나간다는 의미는 무조건 남들과 비슷하게 진급하고 남들과 비슷하게 실력을 갖추라는 뜻이 아니다. 가능하면 남들보다 나은 실력을 갖춰 빨리 진급하는 것이 개인적으로도 더 좋을 것이다.

문제는 다른 사람들을 희생양으로 해서 자신만 커나가지는 말라는 것이다. 공정하게 경쟁하여 남들보다 앞선다면 시빗거리가 되지 않을 것이다. 하지만 실력보다 특정 출신이나 특정 라인이라는 이유로 남들보다 앞선다면 분명 시빗거리를 제공할 것이다. 따라서 같이 커나간다는 의미는 선의의 경쟁을 통해 서로 발전적으로 성장해 나가자는 뜻이다.

필자가 차장으로 진급했을 때 고등학교 친구로부터 난을 선물 받은 적이 있었다. 그 친구는 필자보다 진급이 빨라 W건설의 자재부장으로 근무하고 있었다. 잘 받았다고 전화를 하자 이 친구는 이렇게 이야기했다.

"야, 너도 이제 차장이 되었으니 중소기업의 부장인 나와 대기업의 차장인 너는 서로 격이 맞지 않느냐? 잘 되었다. 우리 서로 같이 커나가자. 그리고 정상에서 만나자."

이해타산을 따지지 말라

사람과 사람 사이의 관계가 늘 그렇듯 정작 나에게 도움이 될 것으로 생각한 사람이 도움을 주지 못하고 도움을 주지 못 할 것으로 생각한 사람이 도움을 주는 경우가 허다하다. 인맥을 효율적으로 관리하는 것도 중요하지만 그렇다고 매사에 이해타산을 따지면서 인맥을 쌓아나가는 것은 바람직하지 못하다.

'아, 이 사람은 나에게 도움을 줄 수 있겠구나' 해서 접근하고 '아, 이 사람은 나에게 별 도움이 되지 못하겠구나' 하여 홀대하고 만나지 않는다면 0점짜리 인맥 만들기를 하고 있는 것이다.

또한 나에게 이익이 생길 수 있는 곳에만 투자하는 것도 바람직하지 못하다. 당장 나에게 도움이 되지 않는다고 해서 소홀히 한다면 하나만 알고 둘을 모르는 초등학생의 수준이다. 멀리 보고 평소 자신이 좀 손해를 보더라도 기꺼이 감수하는 것이 인맥 만들기의 기본이다.

항상 먼저 베풀려는 마음이 중요하다. 인맥 만들기는 먼저 받고 그 다음에 주는 것이 아니라 먼저 주고 그 다음에 받는 것이다. 주기만 하고 혹시 받지 못하더라도 어쩔 수 없다. 내가 좋아서 준 것이기 때문에 그것으로 만족해야 한다.

또한 하나를 받으면 둘로 갚을 줄도 알아야 한다. 받은 만큼만 주겠다는 마음은 알량한 장사치의 마음이고 하나를 받으면 둘을 주겠다는 마음은 배포가 큰 상인의 마음이다.

베푼다고 하면 무슨 큰 것을 베풀어야 하는 것으로 오

해할 수도 있겠지만 아주 조그만 것을 베풀고도 상대방을 감동시킬 수 있다. 이렇게 베풀려고 하는 마음은 풍요로운 마음에서 비롯된다. 내가 가지고 있는 것을 나누려는 풍요로운 마음이 전제되기 때문에 받는 사람도 그 따스함을 전달받게 된다.

큰 고기를 낚지 않는 이유

어떤 사람이 강가에서 낚시를 하고 있었다. 그는 꽤 많은 고기를 낚았는데, 한 마리 한 마리 낚을 때마다 나무자로 그 길이를 재본 후 자보다 더 큰 고기는 모두 강에다 다시 놓아주었다.

함께 낚시를 하고 있던 사람들이 이 일을 기이하게 여겨 물었다.

"다른 이들은 모두 큰 고기를 낚으려고 애를 쓰는데 당신은 어찌하여 큰 고기들은 다시 놓아주는 거요?"

그는 매우 당연하다는 듯한 어조로 대답했다.

"그건 우리 집의 솥이 바로 이 자와 크기가 비슷하기 때문이라오. 너무 큰 고기는 담을 그릇이 없다오."

빽, 연줄에 기대지 마라

인맥을 이용해서 나만 잘 살겠다는 생각을 한다면 그러한 인맥은 오래 가지 못한다. 따라서 내가 저 사람에게 무슨 도움을 받을 수 있는가에 초점을 맞추지 말고 내가 저 사람에게 어떤 도움을 줄 수 있는가에 초점을 맞추어야 한다.

미국의 35대 대통령인 케네디가 '국가가 나를 위해 무엇을 해 줄 것인가를 생각하지 말고 내가 국가를 위해 무엇을 할 것인가를 생각하라' 고 말한 의미를 되새길 필요가 있다.

그러기 위해서는 사람을 이용하려는 마음부터 버려야

한다. 바로 이러한 점에서 인맥은 소위 빽이나 연줄과 구분된다. 빽이나 연줄은 사람을 이용해 나의 욕심을 채우려는 마음에서 비롯되는 것이지만 인맥은 도움을 주기도 하고 도움을 받기도 하는 상부상조의 마음에서 비롯되기 때문이다.

섭외를 함에 있어 이러한 빽이나 연줄을 동원하면 한 번 정도는 효과를 볼 수가 있다. 하지만 이것은 말 그대로 모르핀 주사같이 한 번의 효과만을 볼 수 있는 것이지 지속적인 효과로 이어지기는 힘들다. 더군다나 세태가 바뀌어 사회가 많이 투명해짐으로써, 이와 같은 빽이나 연줄은 시간이 지나가면 지나갈수록 더욱 더 설 땅이 좁아질 것이다.

필자도 이러한 빽을 이용한 부끄러운 경험이 있다. 투신법인부에서 법인 영업을 하면서 모 은행의 자금을 유치하기 위하여 섭외를 하던 중이었다. 외환위기 이전만 하더라도 은행은 증권회사보다 한 끗발 위인 곳이었다. 특히나 은행의 자금부장은 대단한 실세여서 필자 같은 차장은 감히 쳐다볼 수도 없었고 그저 증권회사의 이사 정도는 되어야 은행의 부장과 면담이 가능한 시절이었다.

필자는 주로 은행의 과장급과 대리급의 실무자를 상대로 섭외를 벌이고 있었는데 우연히 은행장의 출신 중학교를 알게 되었다. 그 분은 필자 장인의 중학교 2년 후배였고 또 서로가 잘 아는 사이라는 것도 알게 되었다. 필자는 장인어른을 뵙고 자초지종을 설명하며 도움을 청했고 장인어른과 함께 행장실에서 그 행장님을 뵐 수 있었다.

행장님께 사정을 이야기하자 행장님은 인터폰으로 자금부장을 부르셨고 필자는 별 어려움 없이 큰 자금을 유치할 수 있었다. 하지만 그것으로 끝이었다. 더 이상 그 은행에서 자금을 받을 수는 없었다. 이미 필자는 행장의 빽을 이용한 것이고 그러한 빽은 1회성으로 끝나는 것이었기 때문이다.

내가 수고하자

같이 커나가기 위해서는 내가 손해본다는 마음이 바탕에 깔려 있어야 한다. 어찌 생각하면 인맥이란 관계에 '손해'라는 단어를 올리기도 부적절하다. 내가 베풀기만 하고 받지 못한다고 해도 그것은 손해가 아니라 나의 '베풂'이기 때문이다.

필자는 친한 선배의 부탁으로 몇 해 전 H보험회사의 보험모집인 시험에 아내를 응시케 하였다. 당시 보험사 영업소장으로 근무하던 필자의 선배는 본사로부터 내려오는 캠페인 실적을 채우기 위해 보험모집인 확충에 고심하였고 그런 선배의 고민을 필자는 기꺼이 도와 준 것이다.

또한 컴맹인 고등학교 친구를 위해 용산에 있는 전자상가까지 가서 컴퓨터를 싼 값에 구입해주기도 하였다. 이런 베품은 이해타산을 따지는 계산보다는 순수한 마음이 더 큰 인맥으로 발전하는 것을 아는 까닭이다.

필자의 이런 수고에 선배들과 친구들도 모두 보은하는 마음으로 필자가 어려움에 처할 때마다 든든한 뒷받침이 되어 주었다.

인연과 인맥은 분명 다르다

그저 얼굴 정도 아는 사이가 인연이라면 도움을 주고받을 수 있는 사이는 인맥이다. 인연과 인맥을 구분하지 못하면 인맥으로 완성되기도 전에 인연으로만 끝나는 사이가 되기 쉽다.

다시 말해 인연은 인맥의 전(前)단계여서 이것이 인연으로 끝날지 인맥으로 발전할지는 모두 본인이 하기에 달린 것이다.

인맥으로 발전하기 위해서는 꾸준한 관심과 교제가 필요하다. 무슨 용건이 있어야만 만나고 전화를 하는 것이 아니라 10분, 20분의 여유가 있으면 잠깐 들러 자판기 커피라도 한 잔 나눠 마시는 현명함이 필요하다.

인연을 인맥으로 만드는 가장 쉬운 방법은 편지를 이용하는 것이다. '내가 언제 어디서 만난 거시기다. 혹 잊어버리지는 않았는가? 처음 보았지만 좋은 인연으로 계속 이어졌으면 좋겠다' 라는 편지를 쓰는 것이다. 그런데 이메일이라고 하는 것이 등장한 이후로 이 편지라는 것이 조금 무거운 느낌을 주게 되었다. 즉 몇 번 만난 사이에 받는 편지는 반가움 그 자체이지만 처음 본 사람에게 편지를 받으면 부담감을 느끼는 사람도 많다.

그래서 처음에는 편지보다는 이메일을 활용하는 것이 좋다. 대부분의 명함에는 이메일이 명시 되어 있을 것이고 또 수신확인이라는 기능이 있어서 이 사람이 내가 보낸 메일을 읽어 보았는지 아니면 아직 읽지 않았는지도 다 체크할 수 있기 때문이다. 편지를 보낼 때는 종이 값, 봉투 값, 우표 값이 들어가지만 이메일을 보낼 때에는 손가락만 열심히 놀리면 된다.

명절에는 전화하자

이렇게 이메일을 보내고 명절이 있을 때는 전화 한 통화 하면 된다. 대부분의 사람들은 명절 전(前)이 되면 전화하기를 극도로 꺼려한다. 하지만 명절이라고 해서 선물을 꼭 보내야 한다는 법은 없다.

필자도 추석 며칠 전이면 당당하게 전화해서 "아이고, 전무님. 내일 모레 추석인데 선물도 미처 준비 못했습니다. 제가 비록 선물은 못 보내지만 대신 마음만은 드리겠습니다"하고 인사한다. 그러면 그 전무님은 "그려, 선물은 무슨 선물, 자네 그 따뜻한 마음이면 되지. 고맙게 받겠네" 하면서 전화를 받는다.

필자는 아직 "아니, 이 사람아. 아직 추석이 이틀이나 남았는데 지금이라도 보내면 되지, 무슨 걱정인가?" 하는 사람은 보지 못했다.

더군다나 요즘은 명절에 선물 안 주고 안 받기 운동이 벌어져서 더욱 효과적이다. 만일 이런 전화 한 통화 없이 명절이 지나고 세월이 흐른다면 그 인연은 인맥으로 발전하기 어려울지도 모르겠다.

연말에는 이메일로 카드를 보내자. 돈 드는 것도 아니고 인터넷을 조금만 뒤지면 예쁜 카드를 보내주는 사이트를 찾을 수 있다. 이왕이면 사운드가 나오는 것이 더 좋을 것이다. 이메일을 보내고 전화를 하고 카드메일을 보내는 이런 단순하면서도 간단한 방법이 바로 인연을 인맥으로 만드는 비결이다. 비결은 다른 곳에 있는 것이 아니다.

머리 아홉 달린 새

어느 산에 기이한 새가 살고 있었는데 그 머리가 아홉이나 되었다. 먹이가 생기면 아홉 개의 머리들이 서로 먹으려고 싸우는 바람에 먹이를 제대로 삼킬 수조차 없었다.

때로 싸우다 서로 쪼아서 피가 나고 깃털이 뽑혀 아홉 개의 머리 모두가 상처를 입곤 했다. 한 물새가 이런 광경을 보고 그들을 조롱하며 말했다. "너희들 잘 생각해봐. 아홉 개의 입으로 먹는 먹이가 결국 같은 배에 모이는 것이 아니냔 말이야. 나는 너희들이 왜 싸우는지 모르겠어!" 〈郁離子〉

좋은 인맥은 노력으로 이루어진다

우리는 흔히 잘 갖추어진 인맥이라 하면 좋은 고장의 좋은 집안에서 태어나고 좋은 학교를 나와야지만 가능하다고 생각한다.

물론 이는 어느 정도 맞는 말이다. 김대중 정권이 들어서기 전까지 우리나라 집권층의 대부분은 영남 사람들이었다. 영남 출신들이 우대받고 그 반면 호남 출신들은 홀대받으면서 호남 출신들은 인맥과는 거리가 먼, 그래서 실력으로만 승부할 수 있는 직업과 직종을 찾기도 하였다. 그래서 한 때는 각종 고시의 합격 비율 중에서 호남 출신이 월등히 높은 수치를 나타낸 적도 있었다.

또한 좋은 집안에서 태어나면 좀 더 좋은 교육환경 속에서 공부할 수 있는 근거가 만들어지고 또한 유유상종으로 좋은 주변사람들도 많이 만나게 된다. 이렇게 좋은 환경에서 공부하고 성장하기 때문에 좋은 학교에 진학할 확률도 그만큼 더 높아진다.

하지만 그렇다고 좋은 고장의 좋은 집안에서 태어나 좋은 학교를 졸업한 사람이 모두 좋은 인맥을 가지고 있을까? 그것은 아니다. 열악한 환경 속에서 태어나 제대로 공부를 못한 사람 중에도 좋은 인맥을 가진 사람은 많다.

인맥이라고 하는 것은 좋은 환경 속에서 배양되는 것이 아니라 본인이 스스로 만들어 나가는 것이기 때문이다. 무조건 좋은 집안이나 좋은 학교가 인맥을 보증하는 것은 아니다. 중요한 것은 가문이나 학벌이 아니라 좋은 인맥을 만들기 위해서 노력하는 자세이다. 그리고 좋은 인맥을 만들기 위해서는 상대에게 감동과 진실한 마음을 열어 보이려는 노력이 선행되어야 한다.

인맥, 나 하기 나름이다

만일 아직 나에게 제대로 된 인맥이 형성되지 못했다면 먼저 허드렛일부터 손에 잡는 마음의 자세가 필요하다.

소림사에서 무술을 배우려면 처음에는 물 긷기, 장작패기 같은 허드렛일부터 해야 한다. 인맥을 형성하기 위해서도 이런 허드렛일은 필요하다.

어떤 모임이 있다고 가정하면 접수를 맡는다거나 안내를 한다거나 하는 사소한 일부터 챙겨야 한다. 그렇게 직장 상사나 사회의 어르신들에게 인정을 받으려고 노력해야 한다. 허드렛일을 하면서 인맥이 형성되는 과정을 배울 수 있고 그 노하우를 스스로 터득하게 되는 것이다.

옛날, 그리스에는 스파르타라고 하는 최강의 도시가 있었다. 이 도시는 엄격한 훈련을 통해 용감한 전사를 배출하였는데 이것이 그 유명한 '스파르타식 교육'이다.

어느 날, 군인들이 실제 전투에서 사용할 칼을 지급받을 때였다. 동료보다 유달리 짧은 칼을 받아든 한 군인이 장군에게 말했다. "장군님, 제가 지급받은 검은 너무 짧아 전투에서 매우 불리할 것 같습니다."

그 말을 들은 장군은 이렇게 대답했다. "검이 짧으면 한 발짝 더 적을 향해 다가서라. 중요한 것은 칼의 길이가 아니라 발을 한 발짝 더 내딛는 용기다."

집안 부처님 봉양

한 스님이 길가에서 쉬고 있는데 한 노파가 예물 꾸러미를 머리에 이고 급히 길을 가고 있었다.

스님 : 어디를 그리 급히 가시는지요?

노파 : 가까운 절로 불공을 드리러 간답니다.

스님 : 무슨 근심이 있어 불공을 드리시는지요?

노파 : 집안 며느리가 절 구박하고 너무 속을 썩여서 그런답니다.

스님 : 그러면 법당의 부처님보다 집안 부처님에게 공을 드리는 것이
　　　 훨씬 낫겠습니다.

노파 : 집안 부처님이라뇨?

스님 : 바로 며느리말입니다. 부처님에게 바칠 예물로 대신 며느리에
　　　 게 좋아하는 선물을 해준다면 며느리가 시어머니를 훨씬 잘 모
　　　 시지 않겠습니까?

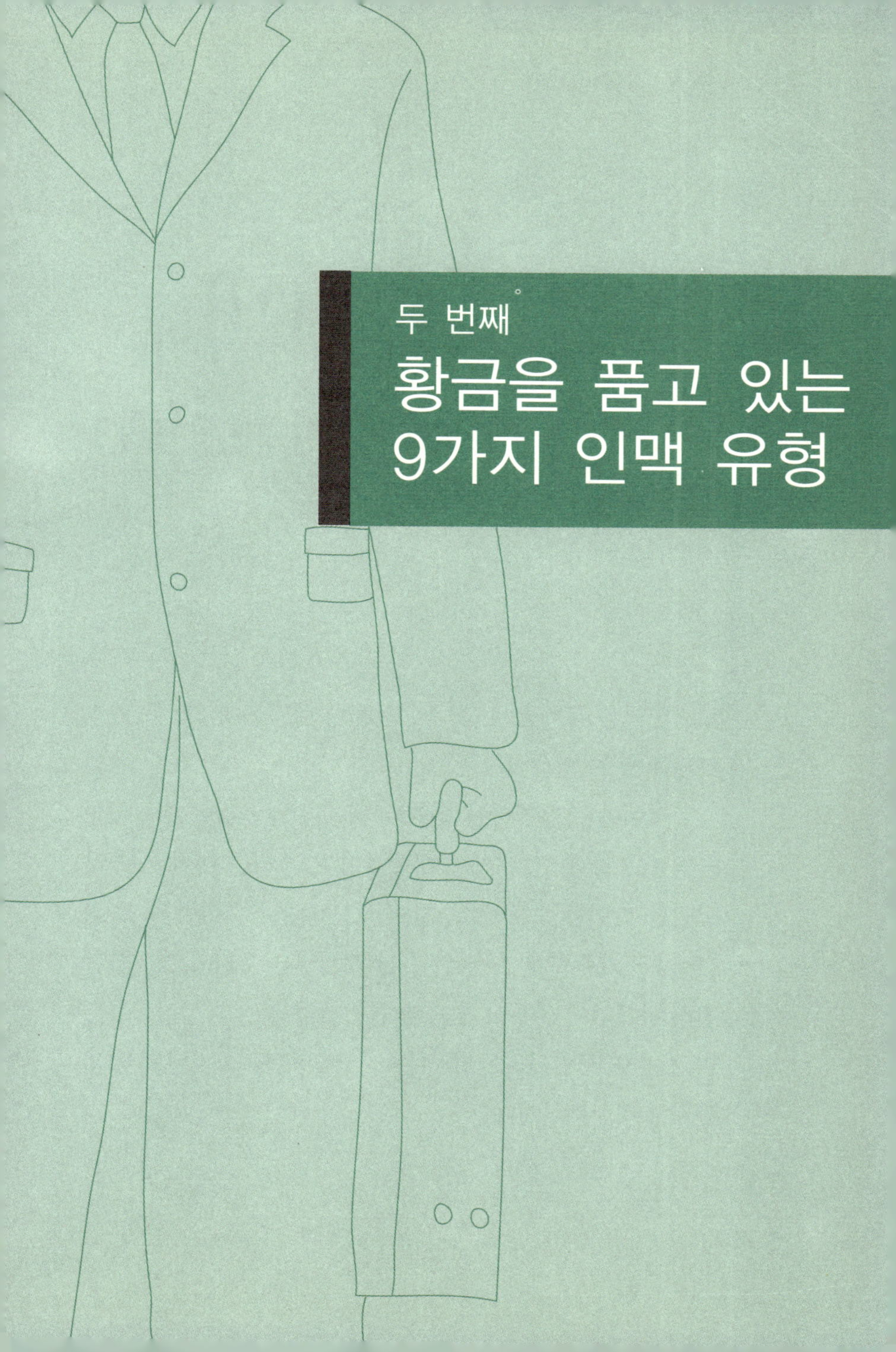
두 번째

황금을 품고 있는
9가지 인맥 유형

부여받은 인맥과 만들어 나가는 인맥

인맥은 부여받은 인맥과 만들어 나가는 인맥, 두 가지로 분류할 수 있다.

부여받은 인맥이란 우리의 의지와 상관없이 이루어지는 인맥으로 혈연, 지연이 대표적이다. 우리는 태어날 때 부모님을 선택할 수도 없고 지역을 선택해서 태어날 수도 없다. 어느 가족의 한 구성원이 된다는 것은 우리의 의지와는 전혀 관계없이 이루어지는 것이다. 또한 경상도 사람이라든지 전라도 사람이라든지 하는 지역도 나의 의지와는 전혀 관계없이 이루어진다.

그래서 부여받은 인맥은 내가 태어남과 동시에 자연적으로 형성되는 인맥이다. 예를 들어 나는 '아버지의 아들'로 태어났고 '할아버지의 손자'로 태어났으며 '광주 사람'으로 태어났다는 식이다.

부여받은 인맥 중에서 가장 기본적인 것은 혈연이다. 이 혈연은 다시 '피가 섞인 그룹'과 '피가 섞이지 않은 그룹'으로 나뉘어진다. 예를 들어 이모, 고모는 나와 피가 섞인 그룹이지만 배우자, 이모부, 고모부 등은 나와 피가 섞이지 않은 그룹이다.

나와 배우자와의 관계는 몸은 섞였을지언정 피는 섞이지 않은 경우다. 그래서 촌수도 0촌이다. 사이가 좋을 때는 이 세상 그 누구보다도 가까운 0촌이다. 하루 중 많은 시간을 같이 보내고 도움이 필요할 때 가장 먼저 도와줄 수 있는 사람이 배우자다. 또한 한 가정을 이루고 있는 핵심적인 관계여서 본인의 성공과 실패가 반영되는 일심동체의 관계이다. 그래서 나의 성공을 그 누구보다도 빌어주고 또 큰 힘이 되어주려고 노력하는 관계다.

하지만 사이가 틀어져서 이혼이라도 하게 되면 바로 남남이 되는 0촌이다. 우리나라의 이혼율은 OECD 국가 중에서도 현저히 높은 편이다. 2003년 통계청 발표에 따르면 이 혼건수는 14만 5,300건으로 전년보다 1만 300건이나 늘었고 하루 평균 398쌍 꼴로 이혼하고 있다고 한다. 하루 평균 결혼하는 쌍이 840쌍 정도가 되니 결혼하는 쌍의 절반 가까이가 이혼을 하는 셈이다.

만들어 나가는 인맥

부여받은 인맥은 내가 태어남과 동시에 결정되지만 만들어 나가는 인맥은 나의 선택과 행동 여하에 따라 형성되고 발전되어 나간다.

내가 해병대를 지원한다면 나는 해병대의 구성원으로서 인맥을 갖게 되고 교회를 다닌다면 교회에서의 인맥이 형성되는 것이다. 내가 고려대학교에 입학했다면 나는 고려대학교의 인맥을 가지게 되고 부산대학교에 입학했다면 부산대학교의 인맥을 가지게 되는 것이다.

또한 내가 삼성전자에 입사했다면 삼성전자의 인맥을 형성할 수 있게 되고 현대건설에 입사했다면 현대건설의 인맥을 형성하게 된다. 즉 만들어 나가는 인맥은 본인이 하기에 달린 인맥이다.

고등학교까지는 대부분 집에서 가까운 학교를 배정받는다. 물론 경우에 따라서는 자립형 사립고나 특목고를 지원하는 경우도 있을 것이다. 이 때 자신이 원해서 선택한 학교라면 이 때의 고등학교 인맥도 만들어 나가는 인맥에 포함될 것이다.

또한 고등학교를 졸업하고 대학교에 진학해서 만나는 친구들도 만들어 나가는 인맥이다. 이 친구들은 나와 실력이 비슷한 경우로, 비록 성격이 다르고 성장배경이 제각각이지만 그래도 시험 점수는 비슷(?)하다는 공통점이 있다. 그래서 어떻게 보면 가장 어울리는 친구관계가 되지 않나 생각한다.

대학을 다니는 이 시기는 각박하고 살벌한 사회에 나갈 준비를 해야 하는 기간이다. 그래서 심장은 뜨겁게 뛰고 있지만 늘 머릿속은 취직걱정으로 차가워지는 시기이기도 하다.

인맥의 시작, 혈연

직계존속으로 표현하는 부모님, 할아버지, 할머니는 나를 진심으로 걱정해주고 아껴주는 존재다. 내가 잘 되면 본인의 일인 양(실제 본인의 일이기도 하다) 기뻐하고 내가 못되면 더 없이 안타까워한다. 이 분들의 마음에는 사심이 없다. 내 배를 아파하며 낳은 자식이고 나의 분신이라는 생각이 강해서 무엇을 하든 모두 이해해주려고 하는 경향이 강하다.

이 분들에게는 나의 마음을 하나도 숨김없이 드러내도 좋다. 그래서 힘들면 힘들다고, 어려우면 어렵다고 얘기하면 된다. 무언가 부탁할 일이 생기면 전후좌우 상세히 얘기하고 최대한 도움을 청하는 것이 좋다. 나에게 부끄러운 일이 생겨도 그것을 비웃지 않고 감싸줄 줄 아는 사람들이기에 나의 속마음을 다 보여주어도 전혀 무방한 그런 관계다.

그래서 직계존속에 대한 섭외는 먼저 내가 처해있는 상황을 최대한 자세하게 밝히고 충분히 이해를 구한 다음에 요구하는 바를 이야기 하면 된다. 대부분은 능력의 범위 내에서 도와줄 것이며 혹 능력이 되지 않더라도 다른 방법을 강구해줄 것이다.

흔히 부모님이나 할아버지, 할머니에게 걱정 끼치지 않는 것이 효도라고 생각하지만 오히려 이렇게 다 터놓고 같이 고민하고 같이 해결책을 찾는 것을 직계 존속은 더 좋아하는 법이다. 왜냐하면 '내 새끼'이기 때문이다.

혈연 중에서 이모부, 고모부라고 하는 존재는 나와 피가 섞이지 않은 어쩌면 '성골'이 아닌 '진골'혈연이다. 즉 이모부라고 하는 존재는 이모가 있음으로 성립될 수 있는 관계이고 고모부라고 하는 존재는 고모가 있음으로 성립될 수 있는 관계이다. 그래서 행여 이모나 고모의 가정에 문제가 생겨서 이혼이라도 한다면 졸지에 혈연관계가 깨져버린다. 아무래도 한 다리 건너의 혈연이다 보니 이모나 고모만 못하다. 따라서 이모부나 고모부에 대한 섭외는 먼저 이모와 고모를 충분히 설득한 다음 행해야 한다. 이모와 고모의 협조를 받는다면 이모부와 고모부의 도움을 받는 것은 훨씬 쉬워진다.

촌수 파악하는 법

부모님과 나의 관계는 1촌이다. 그리고 형제간은 2촌이다. 이 말은 형제간의 우애보다 부모자식 간의 사랑이 더 앞선다는 것을 의미한다.

실제로 "자네, 참으로 훌륭한 아들을 두었네"라는 말을 듣는 부모는 모두 기뻐하지만 "자네, 참으로 훌륭한 아우를 두었네"라는 말을 듣는 형은 기쁨 반, 질투 반이 혼재되는 마음을 가지는 경우도 간혹 있다. 또한 내리사랑이라고 해서 존속에 대한 애정보다는 비속에 대한 사랑이 더 큰 경우가 많다.

요즘 젊은이들 중에는 촌수를 파악하지 못하는 사람들이 자주 눈에 띈다.

◎ 가계도

五代祖 오대조
高祖父 고조부
高祖母 고조모
從高祖父 종고조부
曾外家 증외가
曾祖父 증조부
曾祖母 증조모
從曾祖父 종증조부
王大姑母 왕대고모
再從曾祖父 재종증조부
陳外堂叔 진외당숙
祖父 할아버지
祖母 할머니
從祖父 종조부
大故母 대고모
再從祖父 재종조부
三從祖父 삼종조부
姨母 이모
外三寸 외삼촌
아버지
어머니
三촌 伯叔父 백숙부
姑母 고모
五촌 堂叔堂叔 당숙
從伯叔父 종백숙부
大故母 대고모
七촌 再從伯叔父 재종백숙부
九촌 三從伯叔父 삼종백숙부
姨從 이종
外四寸 외사촌
姉妹 자매
自己 나
兄弟 형제
내四촌 從兄弟 종형제
故從 고종
六촌 再從兄弟 재종형제
八촌 三從兄弟 삼종형제
十촌 再從祖父 재종조부
甥姪 생질
子 아들
삼촌 姪 조카
五촌 堂姪 당질
七촌 再堂姪 재당질
八촌 三從兄弟 삼종형제
孫 손자
四촌 從孫 종손
六촌 再從孫 재종손
八촌 三從孫 삼종손

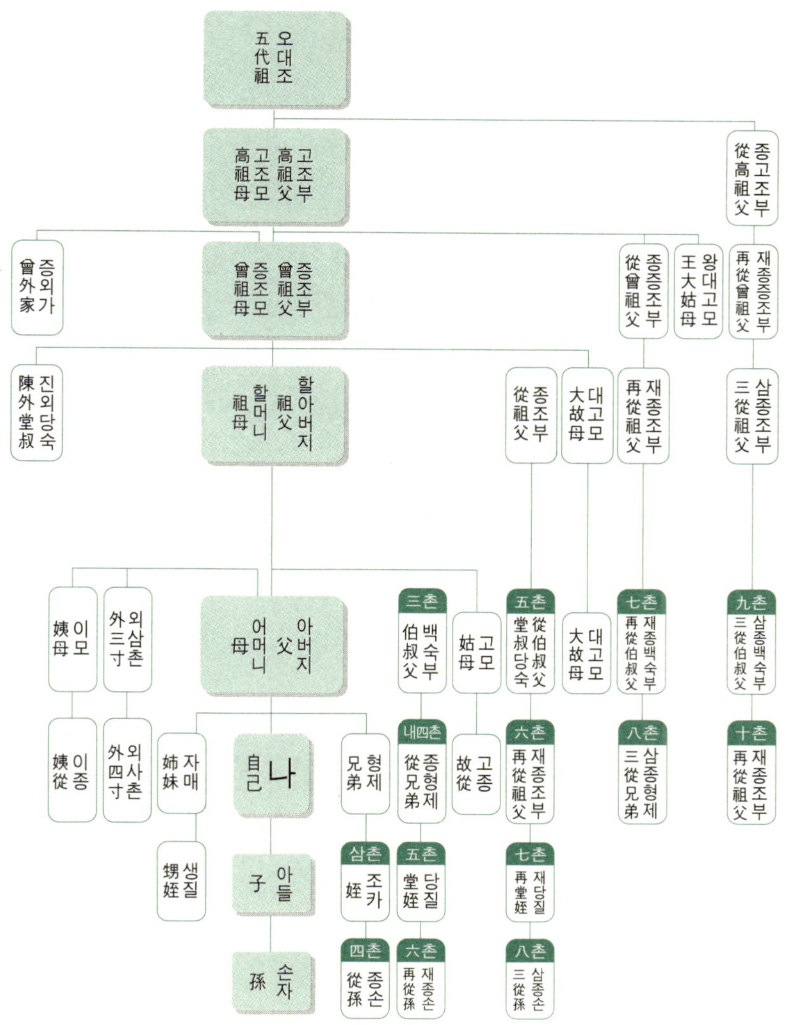

먼저 나와 피가 섞이지 않은 사람은 촌수가 존재하지 않는다. 그래서 나와 배우자, 나와 이모부 혹은 고모부 사이에는 촌수가 존재하지 않는다.

가장 기본적으로 촌수를 파악하는 방법은 부모와 나의 사이가 1촌이라는 것이다. 그리고 나와 나의 자녀들과의 관계도 1촌이다. 그리고 형제간에는 2촌이 된다. 이것이 기본이 되어 나의 어머니의 남동생인 외삼촌은 3촌지간이 된다. 왜냐하면 나의 어머니(1) + 어머니의 남동생(2) = 3 이 되기 때문이다.

할아버지의 동생의 아들과 나는 몇 촌이 될까? 나와 할아버지(2) + 할아버지의 동생(2) + 동생의 아들(1) = 5촌이다. 그래서 5촌 당숙어른이라고 하는 것이다. 이런 식으로 계산하면 모든 촌수를 다 알 수 있다.

　　혈연관계를 논함에 있어서 자주 쓰이는 말이 존속과 비속, 직계와 방계라는 용어다.

　　존속, 비속, 직계, 방계의 모든 기준은 바로 '나' 라는 존재이다. 그래서 나보다 항렬이 높은 사람을 존속이라고 하고 나보다 항렬이 낮은 사람을 비속이라고 한다. 이 때 존속의 존은 높을 존(尊)을 사용하고 비속의 비는 낮을 비(卑)를 사용한다.

　　또한 직계라는 용어는 나와의 관계가 부모와 자식관계로만 이루어진 경우를 말한다.

　　따라서 직계 존속이라 하면 나보다 항렬이 높은 직계 가족을 말하는 것으로 아버지, 어머니, 할아버지, 할머니, 증조부모, 고조부모, 현조부모 등이다. 직계비속이라 하면 나보다 항렬이 낮은 직계 가족을 말하는 것으로 나의 자녀, 손자, 손녀, 증손자녀, 고손자녀, 현손자녀 등이 해당된다.

　　만일 결혼을 한 경우라면 혼인관계로 맺어진 배우자의 촌수에 따라 그 지위가 결정되기 때문에 장인, 장모, 시부모 등은 직계 존속이 되고 사위, 며느리는 직계 비속이 된다.

　　방계라는 용어는 나와의 관계 속에 형제관계가 포함된 경우를 말한다. 따라서 방계 존속이라 하면 삼촌, 이모, 고모, 당숙, 당고모, 대고모할머니, 이모할머니 등이 해당되며 방계 비속이라 하면 조카, 당질 등이 된다.

학창시절 친구들

　　기본적으로 친구는 나와 같은 세대의 사람이다. 같은 환경에서 자라왔고 같은 음악을 들으며 성장해왔다. 비슷한 시기에 비슷한 고민으로 밤을 새우기도 했고 사춘기도 비슷하게 맞았다. 그래서 나와 마음이 가장 잘 통하는 사이다. 물론 마음이 통하지 않으면 친구가 되지도 못했을 것이다.

　　태어나서 걸음마를 떼기 시작하면 대문 밖으로 나서게 되고 그래서 비슷한 또래의 친구들과 만나게 된다. 이 시기의 교제는 사는 동네의 범주를 벗어나지 못한다. 그리고 부모의 영향을 많이 받는다. 부모들끼리 친하면 아이들끼리 친한 경우가 많은 것도 그 이유다.

　유치원 혹은 유아원에 입교하게 되면 같은 유니폼을 입은 많은 수의 동료들을 한꺼번에 만나게 된다. 아직 부모들의 보살핌이 절대적으로 필요한 시기라서 단체생활에 잘 적응하지 못하는 아이들은 옷에 오줌도 싸고, 낮잠을 자고 나선 엄마를 찾으며 울기도 한다. 하지만 서서히 또래들만의 문화에 흡수되어 재밌는 시간을 보낸다.

　초등학교에 입학하면 공교육에 첫발을 내딛게 된다. 이 때부터의 교육은 유치원 때의 너그러움 대신 엄격함이 자리 잡는다. 그리고 서서히 위계질서가 잡히는 시기이기도 하다.

　이 시기의 위계질서는 오로지 힘에 의해 좌우되며, 싸움 잘하는 아이가 우두머리의 역할을 한다. 이때 싸움을 잘하고 못 하고의 개념은 싸우다가 먼저 우는 것이다. 그래서 싸움에서 먼저 우는 아이는 패자가 되고 울지 않는 아이는 승자가 되며 코피를 흘려도 울지 않는 아이는 영웅(?)이 되는 시기다.

　그런데 이 때까지의 친구는 사실 인맥으로 유지하기가 무척 힘들다. 왜냐하면 앞으로 다가올 중학교, 고등학교, 대학교 친구들에 비해 초등학교 이하의 친구들은 잊혀지기 때문이다. 어른이 되어 밖에서 우연히 만나도 얼굴이 많이 변해버려 서로 알아보기가 쉽지 않다.

하지만 최근에는 인터넷의 발달로 '버디버디' 나 '싸이' 를 통해 초등학교 때의 친구들과의 인연을 계속 이어가는 경우도 눈에 많이 띈다. 필자가 우연히 고등학생인 아들의 싸이 홈페이지를 들어가 보았더니 초등학교 1학년 때 짝을 했던 여학생과 주고받은 방명록을 볼 수 있었다. 처음에는 서로 긴가 민가 하더니 금방 서로를 확인하고는 반갑게 인사하고 핸드폰 번호도 교환하는 모습을 볼 수 있었다.

중학교 때부터의 친구

중학교 때부터의 친구들은 우리 인생의 동반자로서 친구역할을 한다. 남자아이들은 코 밑에 수염이 거뭇하게 나고 여자 아이들은 가슴이 봉긋 나오기 시작할 때다. 사춘기에 접어들면서 조숙한 아이들은 자신의 인생에 대해서 심각하게 고민하기도 한다.

그래서 자신의 적성에 맞는 전공을 살리기 위해 어떤

아이는 과학고등학교, 어떤 아이는 외국어고등학교, 또 어떤 아이는 조리학교에 진학하기도 하고 춤에 관심이 많은 아이는 댄스학원을 다니기도 한다. 자신의 진로에 대해서 희미하게나마 선을 그어놓는 시기이다.

대부분이 비슷한 동네에 살기 때문에 중학교를 졸업하더라도 자주 얼굴이 마주치는 관계가 되기도 한다.

고등학교 때의 친구들의 모습은 어른의 모습과 거의 흡사하다. 얼굴에는 아직 젖살이 덜 빠졌지만 체격은 어른이다. 실제 대부분의 성인들은 고등학교 시절에 성장을 멈춘다. 그래서 이 시기의 친구들은 밖에서 우연히 마주쳐도 금방 알아볼 수가 있다.

대학이라는 절체절명의 관문이 떡 하니 버티고 있어 문학을 이야기하고 인생을 거론하는 깊이 있는 교제가 되지는 못하지만 그래도 동류의식으로 서로 끈끈한 우정으로 걱정하고 밀어준다.

아직 순수한 청소년기라 이해타산이 앞서지 않고 순수 그 자체로 친구들을 사귀고 어울린다. 친한 친구와는 계속 그 우정이 이어지지만 그렇지 않은 친구들과는 서서히 멀어지고 잊혀지기 쉽다.

　이런 친구들에 대한 섭외는 절대적으로 우정의 깊이에 비례한다. 즉 나와 친한 친구일수록 나에게 많은 힘이 되어주며 나와 친하지 않은 친구는 그다지 힘이 되어 주지 않는다.

　친한 친구에게는 "날 위해서 네가 이렇게 해주면 좋겠다"고 설득해야 하고 별로 친하지 않은 친구에게는 "널 위해서 네가 이렇게 하는 것이 좋을 것이다"로 설득해야 한다.

바퀴와 말

짐을 가득 실은 수레를 말이 힘들게 끌며 길을 가고 있었다. 그런데 수레의 바퀴가 쉼 없이 "끼익! 끼익!" 소리를 내며 울부짖었다.

앞에서 애를 쓰고 있던 말이 숨을 몰아쉬며 뒤를 향해 말했다.

"이보게! 무거운 수레를 끌고 있는 건 난데 어찌 자네가 뒤에서 그리 죽는 소리를 자꾸 해대는가?"

지연

지역적인 특성으로 보면 제일 먼저 떠오르는 것이 지역감정이다. 지역감정이라고 돌려서 표현하지만 솔직히 애기하면 영남과 호남사이, 혹은 호남과 다른 지역사람들과의 사이의 감정을 이야기한다.

이런 지역감정은 박정희 군사정권에서의 흑색선전으로 비롯되었음이 정설이다. 실제로 1963년도에 있었던 선거에서 영남 출신의 박정희 씨가 민주당의 윤보선 후보를 누르고 민선대통령으로 뽑힐 수 있었던 것은 호남의 몰표 때문이었다.

하지만 1971년의 경상도의 박정희 후보와 전라도의 김대중 후보가 경쟁한 대통령 선거에서 '호남인이여! 단결하라!' 라는 역선전에 영남사람들은 이용당했다. 왜냐하면 이 전단지는 실제로 호남 사람들이 만든 것이 아니라 지역감정을 노린 일부 몰지각한 공화당 당원들이 만들었기 때문이다.

이런 지역감정은 이후 시간이 지나면서 고착되어 버렸는데 참으로 안타까운 일이다. 사실 예전에는 영남과 호남 사이에 악감정이 없었다. 조정래의 소설 '아리랑' 에는 북간도에서 만난 영남 출신과 호남 출신이 서로 남쪽 출신이라며 반기는 장면도 나온다.

영남과 호남은 지역적인 특색이 있다. 영남 쪽은 산악지형이 많아 호남에 비해서 논보다는 밭이 많고 그래서 지주의 수탈에서도 어느 정도는 자유로울 수 있었다. 하지만 호남은 넓은 평야를 소유하고 있었기 때문에 항상 지주의 수탈에 시달려야만 했다.

더군다나 경제개발계획에서도 영남은 구미, 포항, 울산 등지에서 일자리를 창출하는 혜택을 보았지만 호남지역은 소외되어 많은 호남인들은 대도시로 나설 수밖에 없었다.

호남에서의 대도시라야 광주밖에 없었고 광주에서도 딱히 일자리를 구하기 힘들다 보니 부산이나 서울로 향할 수밖에 없었다. 낯선 타향에서 굶어죽지 않기 위해서 억척같이 생활하다보니 그러한 모습이 도시사람들에게는 과도하게 보였는지도 모른다.

사업을 하다 성공하면 사업가가 되고 실패하면 사기꾼이 되듯이 돈 문제에 있어 손실을 끼치는 경우에도 호남사람들이 사고를 치면 "전라도 출신들은…"운운하며 비아냥댄다. 만약 영남사람들이 사고를 쳤다면 그런 비아냥거림은 생략된다.

호남과 영남

호남사람들은 정이 많은 사람들이다. 그래서 고향사람을 만나면 무척 반가워하고 그 사람을 도와주려고 하는 마음이 철철 넘친다. 처음 만날 때부터 살갑게 대하는 것은 본인들이 모진 객지생활을 했기 때문이다. 이렇게 다정한 모습을 처음부터 보이다보니 나중에 부탁을 받고 들어주지 못하면 '속과 겉이 다르다'고 욕을 한다.

이에 비해서 영남사람들은 무뚝뚝한 편이다. 그래서 고향사람들을 보아도 마음속으로만 '음~ 저 놈이 나하고 동향이구나' 하고 생각만 한다. 그러다 나중에 부탁이라도 받게 되면 기꺼이 도와준다. 그러다보니 '의리 있다'는 말을 듣는다.

사실 영남과 호남의 오해에 대한 이야기를 쓰려면 책 한 권을 써도 모지랄 지경이다. 하지만 분명한 것은 두 지역 모두 동향이라는 지방색이 강하다는 점이다.

이 점에 있어서는 충청도나 강원도도 마찬가지다. 사람에게는 모두 고향이 있고 그래서 고향사람을 만나서 반가운 것은 인지상정이 아닐까? 이런 면에 있어서는 서울사람들이 좀 불리할 수도 있겠다.

고향사람들을 섭외하는 데는 향우회가 최고다. 지방에서 서울로 올라온 사람들 중에는 호남사람들이 압도적으로 많다. 따라서 향우회 중에서도 호남향우회가 압도적으로 많다. 충청향우회나 영남향우회는 그다지 눈에 띄지 않는다. 어떻게 생각하면 가장 힘든 상황에 있었던 사람들이 호남사람들임을 반증하는 증거이기도 하다.

군대 인맥

　　현재 우리나라는 모병제가 아닌 징병제를 실시하고 있
다. 물론 여자는 예외다. 유교의 잔재가 남아있는 우리나라
에서는 그 동안 사회 곳곳에 남녀차별의 문제가 참 심했었
는데 군대문제도 예외는 아니어서 남자들만 군대를 가는 특
혜(?)를 누렸다(물론 여자도 특수병과를 중심으로 하사관이
나 장교로 가긴 한다).

　　2002년 이스라엘의 여성계는 남자 3년 여자 2년이던 복
무기간을 여성도 남성과 똑같이 3년으로 해줄 것을 강력히
요구했다. 이에 이스라엘 정부는 여성의 군복무를 3년으로

늘릴 것을 검토하다가 개인 및 국가의 여러 가지 손실을 고려해서 남녀모두 2년 6개월로 개정했다고 한다.

세계에서 유일한 분단국가인 우리나라는 아직도 군대를 남자만 보내는 남성우월주의에 빠져 있다. 군대라고 하는 곳을 남자들은 의무적으로 가야 하고 여자들은 가고 싶은 사람만 가다보니 군대의 인맥도 여성에 비해 남성이 훨씬 유리한 위치에 있다.

군대의 인맥은 군대문화와 통한다. 군대는 철저한 계급사회다. 참고로 군대에서의 계급은 사병과 장교로 나뉘어지는데 사병은 이등병-일등병-상등병-병장(대부분의 의무군인은 이 단계를 거친다. 물론 단기사병은 제외), 하사-중사-상사-원사(이 분들을 준사관이라 한다), 소위-중위-대위(위관급), 소령-중령-대령(영관급), 준장-소장-중장-대장(장관급), 마지막이 원수인데 우리나라는 대통령이 원수(元首)다.

이 중에서 우리가 주목해야 하는 부분은 이등병부터 병장까지의 단계이다. 이 때는 같은 내무반에서 2년이 넘는 기간을 지내게 된다. 좁은 막사에서 혈기왕성한 젊은이들이 모여 있다 보니 여러 가지 에피소드들이 많이 생기곤 한다.

그리고 그 당시에는 고통스러웠던 기억들이 지나고 나면 좋은 추억거리가 되기도 한다.

필자도 눈이 허리까지 오는 한겨울 관측임무를 수행하기 위해 산꼭대기에 소대원을 이끌고 올라갔다가 추위를 이기기 위해 라면을 끓여먹던 기억이 난다. 물을 구하지 못해 눈을 녹여 물을 만들었고 양철로 된 커다란 직육각형의 식용유통을 냄비 대용으로 사용했다. 나뭇가지를 꺾어 젓가락을 만들었고 코펠뚜껑으로 그릇을 대용했다.

그렇게 라면을 한 가득 끓여 소대원들과 나누어 먹었던 그 때의 그 기억은 정말 평생 잊지 못할 추억이며 그 때의 라면 맛은 세상 어떤 음식보다도 더 맛이 있었다.

이런 추억을 공유한 사람들이 바로 군대 전우다. 그래서 이런 전우는 끈끈한 관계로 이어질 수밖에 없다. 물론 자신을 괴롭히고 인간성 더러운 고참에 대해서는 연을 끊더라도 그렇지 않은 사람들과는 꾸준히 교류를 하는 것이 좋다. 그렇게 교류를 해나가다보면 언젠가는 내가 도와줄 일이 생길 수도 있고 내가 도움 받을 일이 생길 수도 있다.

한 번 고참은 영원한 고참

재미있는 것은 군대에서의 계급이 그대로 사회에 나와서도 적용된다는 사실이다. 나이가 많은 부하에게 사회에 나와서도 반말을 쓴다든지 나이어린 고참에게 존대말을 쓰는 것은 제대군인들의 암묵적 불문율이다.

우리나라에서 군대인맥의 대표적인 경우로는 해병대와 육사, ROTC 등을 꼽을 수 있다.

해병대의 경우 까다로운 임무와 엄격한 훈련으로 기수 간의 위계질서는 대한민국 사회에서 가장 엄격한 편이다. '미제 철조망은 녹 슬어도 해병대 깃수빨(?)은 녹슬지 않는다' 는 말이 있을 정도다.

해병전우회를 조직해 지역의 치안을 담당하는 경우도 있다. 어두운 밤거리를 2명씩 조를 짜 다니면서 불량청소년들을 선도하기도 하고 우범지역에서는 범죄를 예방하는 역할을 하기도 한다. 그래서 50대가 넘은 사람들이 자연스럽게 해병대 복장을 하고 다니는 경우도 있다.

특히 경기도의 김포와 강화가 해병대 출신들의 본거지인데 이 곳에서는 군데군데 해병대 출신들의 사무실이 눈에

띤다. 만일 이 책을 읽는 독자분이 해병대 출신이라면 큰 군대인맥을 보유하고 있다고 자부해도 좋을 것이다.

육군사관학교는 대통령을 세 명씩이나 배출한 집단으로서 그 자존심이 상당하다. 특히 육사 출신으로 정치를 하는 분들의 인맥은 대단한데 사회가 민주화 되다 보니 그 위력이 많이 감소되었다. 흔히 육사출신이라고 하면 우락부락한 군인만을 연상하기 쉬운데 실제로는 얌전한 스타일의 육사출신들도 많다. 특히 공부를 많이 하여 교수로 재직하고 있는 사람들도 꽤 있다.

육사출신으로서 제대한 장교들은 '예동회'라고 하는 친목단체를 구성하여 서로 일이 생길 때 도와주곤 한다. 해병대와 마찬가지로 육사 출신이라면 이 인맥이 든든한 인맥이 되어줄 것이다.

김영삼대통령 시절 하나회 파동으로 우수인력의 유입이 잠시 주춤했으나 최근 육사의 인기가 다시 높아졌다. 그 결과 우수한 학생들이 많이 몰려 입학하기가 상당히 어려워졌다.

ROTC(Reserve Officers Training Corps) 제도는 우수한

대학생들을 장교로 육성하기 위한 제도로 대학의 자유로운 학교교육과 2년간(3, 4학년) 소정의 군사교육 과정을 이수한 뒤 졸업과 동시에 소위로 임관하여 2년 3개월간의 국방 의무를 마치고 전역하는 제도다.

이 부류의 출신들은 전역 후에 사회의 다양한 계층에 진출해 중추적인 역할을 하고 있으며 장교생활을 통한 리더십으로 회사에서 선호 받는 그룹이다. 특히 그 지역에 자영업을 하는 사람을 중심으로 지역마다 ○○시 ROTC 연합회 등이 조직되어 있다.

비교적 인원이 많다보니 정기적으로 체육대회를 하는 등 동기별 모임, 전체 모임이 활성화 되어 있다. 만일 ROTC 출신이라면 연락사무소가 어디에 있는지 먼저 파악하여 따까리(?) 역할을 열심히 해야 할 것이다. 후배가 점점 늘어나면 점점 발언권도 세질 것이고 그렇게 서로가 서로를 도우며 조직을 키워나간다.

사내 인맥

요즘은 평생직장의 시대가 아니라 평생직업의 시대라
고 한다. 또한 일모작인생이 아니라 다모작인생이라고도 한
다. 예전의 직장은 종신토록 근무하는 곳이어서 직장에서의
인맥은 직장 내에서 끝나버리는 경우가 많았다.

하지만 직장을 옮기는 것이 여반장(如反掌)인 요즘에는
지금 바로 옆에서 나와 같이 근무하고 있는 직장동료가 큰
인맥의 보고가 된다.

사내인맥 중에서 나에게 가장 도움이 되는 것은 입사
동기들이다. 한 날 한 시에 입사했다는 동질성과 비슷한 연

령으로 인해서 입사동기들끼리는 끈끈한 정으로 뭉치기 쉽
다. 보통 입사를 하게 되면 각 부서로 뿔뿔이 흩어지기 때문
에 자연스레 사내에서 네트워크가 형성되는 것이다.

이렇게 동기들과 항상 연락을 취하면서 정보교환을 할
수 있다면 가장 든든한 사내인맥이 될 수 있다. 정보교환이
랍시고 불평불만만 서로 교환한다면 아무 의미가 없다.

진정한 사내인맥이 되려면 각자 자신이 배치된 부서에
서 열심히 일을 배우고 전문가가 되어야 한다. 그렇게 하면
자연스레 중요한 사내인맥으로 네트워크가 형성되게 된다.

또한 입사는 같이 했더라도 중간에 퇴사하는 동기들도
생길 수 있기 때문에 이렇게 퇴사하는 동기들과는 사외인맥
으로 발전될 수 있다.

직장이라고 하는 곳은 나의 선배들도 있고 나의 후배들
도 있는 곳이다. 이 두 가지 부류의 사람들에게 모두 신망을
얻기 위해서는 먼저 자신의 맨파워부터 길러야 한다.

직장의 선배들로부터 인정을 받으면 그 선배가 회사를
떠나 다른 곳으로 가서도 나에게 도움을 줄 수 있고, 후배들
로부터 신망을 얻으면 내가 필요할 때 기꺼이 날 위해서 도
움을 준다.

그리고 적어도 한 분야에서는 회사 내에서 최고가 되어

야 한다. 어떤 분야에 문제가 발생할 때 누구나 '아, 그 사
람' 하고 연상할 정도의 실력을 갖추어 놓으면 자연스레 전
문가란 호칭을 듣게 된다.

　이렇게 자신의 몸값을 올려놓으면 명예퇴직의 두려움
에서도 벗어날 수 있고 주변에 자문을 구하는 사람들이 끊
이지 않게 된다. 자신의 노하우를 전수해줌으로써 자연스레
인맥이 형성되는 것이다.

적을 만들지 마라

　인맥을 만든다는 것은 내 편이 되어줄 사람을 만든다는
것이다. 무슨 일을 할 때 내가 도와줄 수 있고 내가 도움을
받을 수 있는 그런 관계의 사람이 많으면 많을수록 인맥은
더 강력하게 빛을 발할 수 있다. 이렇게 넓은 인맥을 유지하
는 것도 중요하지만 더 중요한 것은 적을 만들지 않아야 한
다는 것이다.

　물론 각양각색의 사람들이 모인 곳이다 보니 이유 없이
자신을 배척하는 사람도 있을 수 있다. 하지만 '원수를 사랑
하라' 는 말처럼 그런 사람들에게 조차 호의를 베풀어 적을

만들지 않아야 한다. 10명의 우호적인 사람보다 1명의 비토 세력 때문에 진급심사에 탈락하거나 불이익을 당하는 경우가 허다한 것이 바로 이 '직장'이라고 하는 곳이다.

필자도 이와 비슷한 경험을 가지고 있는데 대리 시절 본사의 어느 부장에게 밉게 보인 것이 지점장 생활을 할 때까지 계속 이어져 결국 불이익을 당했다. 사소한 오해에서 비롯된 것이었는데 마음이 넓거나 이해심이 있는 사람이었다면 그냥 넘어갈 수도 있는 문제였다. 오해를 풀기 위해 많은 노력을 했지만 선입관을 바꿀 줄 모르는 편협한 성격의 소유자여서 끝끝내 오해를 풀지 않았다.

결국은 필자도 포기하고 소가 닭 쳐다보듯이 그렇게 지낸 경험이 있다. 그래서 처음부터 적을 만들지 않으려고 하는 노력이 요구되는 것이다.

경험적으로 보아도 무슨 일이 성사되도록 도와주는 것은 힘들지만 무슨 일이 성사되지 않도록 훼방을 놓는 것은 쉬운 법이다. 아무리 상대가 하찮아 보이더라도 그 상대에게 원망을 듣거나 악감정이 남게 하는 행동은 금물이다. 그렇게 형성된 나의 적은 언제, 어디서 무슨 일로 나의 뒤통수를 칠지 모르기 때문이다.

하지만 적을 만들지 않으려고 자신의 주장이나 태도를 명확히 하지 않는 것은 바람직하지 않다. 매사에 애매모호하게 행동한다면 적을 만들지 않을 수는 있겠지만 내 편도 만들어지지 않는다.

물론 적이 하나도 없는 사람은 드물 것이다. 그래서 중요한 점은 나의 주변에 최소한의 적만 존재하도록 해야 한다는 점이다.

● **만남을 풍성하게 하는 talk-talk** ─────────────────

위기의 돌파

등산을 간 갑, 을 두 사람이 숲속에서 한 마리 큰 호랑이와 맞닥뜨렸다. 갑은 잽싸게 등에 맨 배낭에서 가볍고 편한 운동화를 꺼내 갈아 신었다. 을은 급한 마음을 달래며 갑을 질책하듯 말했다.

"너 지금 뭐하는 거야! 신을 갈아 신는다고 호랑이보다 빨리 달릴 수 있을 것 같아?"

갑이 대답했다.

"그저 너보다 빨리만 달아나면 되지 않겠어?"

사외 인맥

사외인맥이란 회사의 일을 수행하면서 만나는 회사 외의 인맥을 말한다. 대부분 거래처의 사람들이거나 업무상 관련이 있는 사람들이다. 업무적으로 만나는 사람들이다 보니 따뜻한 정보다는 사무적인 관계가 되기 쉽다.

하지만 사외인맥에는 사내인맥과는 비교할 수 없을 만큼 훨씬 더 광범위하고 위력적으로 영향을 미치는 경우가 많다. 사내인맥이라고 해봤자 정해진 사람들 사이에서의 인맥이지만 사외인맥이란 무궁무진하게 뻗어나갈 개연성이 무척 크기 때문이다.

또한 사내인맥은 같은 회사에 근무하다보니 비슷한 문화와 비슷한 환경 속에 놓여 있어 다양한 의견이 나오기 힘들다. 하지만 사외인맥은 각양각색의 업종과 상황으로 다양한 의견을 청취할 수 있는 좋은 기회가 된다.

사외 인맥의 시작은 철저한 업무지식으로 시작된다. 어차피 업무적으로 만나는 관계이기 때문에 얼마나 깔끔하게 업무를 처리하느냐에 따라 상대방이 느끼는 감정이 달라질 수밖에 없다.

업무지식이 뛰어나다면 상대편은 호감을 가지고 관찰할 것이고 업무지식이 빈약하다면 별로 호감을 받지 못할 것이다. 다시 말해서 업무지식에 밝은 사람은 상대방에게 인정을 받고 좋은 인맥으로 발전할 가능성이 크지만 업무지식이 빈약한 사람은 잊혀지는 인맥으로 분류되는 것이다.

업무적으로 연결되다보니 업무가 바뀌거나 상대방이 퇴사하는 경우에는 연락이 끊기는 경우가 있다. 이 때가 갈림길이다. 그냥 잊혀져 버리는 인연으로 끝날지 아니면 지속적인 관계를 유지할지는 이 때의 행동으로 달라진다.

필자가 법인영업부의 차장으로 근무하던 당시는 외환위기로 각 기업들의 분위기가 삭막할 때였다. 당시 거래처의 한 직원이 자녀의 학비를 이중으로 받아 사표를 내는 위기에 몰렸다.

그 회사에는 자녀가 중·고등학교를 다니면 학비를 보조해주는 제도가 있었는데 사내부부였던 그 직원은 각각의 이름으로 학비를 이중으로 청구하여 받은 것이다. 이것이 기화가 되어 그 직원은 대기발령을 받고 해직통보만을 기다리고 있었다. 이 말을 들은 필자는 그 직원의 집 근처에 가서 같이 소주 한 잔을 마시면서 위로해주었다.

이후 학비의 이중청구가 고의가 아니었음이 증명되어 이 직원은 다시 복직이 되었는데 "그래도 집 근처까지 와서 위로주 사준 사람은 김형밖에 없었다"며 아주 고마워했다.

가장 강력한 인맥은 어르신 인맥

흔히 사외인맥이라 하면 수평적인 인맥만을 생각하기 쉽다. 하지만 경험적으로 보건데 가장 강력한 인맥은 어르신 인맥이다. 왜냐하면 어르신은 어르신 수준의 인맥이 있고 사장은 사장 수준의 인맥이 있기 때문이다.

부장은 부장끼리 어울리고 차장은 차장끼리, 과장은 과

장끼리, 대리는 대리끼리 어울리다보니 또래의 인맥으로 형성된다. 이 중에서 실제로 나에게 큰 도움이 되는 인맥은 나와 비슷한 레벨의 인맥이 아니라 나보다 몇 단계 더 높은 분들의 인맥이다.

사회 어르신들에게 인정받기 위해서는 어르신들의 가려운 데를 긁어줄 수 있는 수고가 필요하다. 물론 이는 진실된 마음에서 비롯되어야 한다. 하기 싫은 것을 억지로 하는 것이 아니라 마음속으로부터 우러나오는 진심으로 어르신들을 모신다면 분명 귀여움을 받을 것이다.

사외인맥이 중요한 또 하나의 이유는 나의 '독립'에 가장 크게 영향을 미치는 그룹이라는 점이다. 평생직업의 시대에서 직장이라고 하는 곳은 예전처럼 정년 때까지 남아서 일하는 곳이 아니라 언제든 떠날 수 있는 곳으로 바뀌고 있다.

떠나고 싶을 때 떠날 수 있게 해주는 가장 든든한 조력자의 역할을 사외인맥이 해줄 수 있다. 또한 지금의 사내인맥도 내가 회사를 떠나는 그 순간 사외인맥으로 편입된다.

동아리

사람이란 자기가 좋아하는 일을 하면 신명이 나는 법이다. 그래서 자신이 좋아하는 일이라면 폭 넓고 깊이 있게 연구하고 참여하며 즐기게 된다.

지금 내가 하고 있는 일이 내가 진정으로 좋아하는 일이라면 얼마나 좋을까? 하지만 그렇게 자신의 직업을 선택한 사람이 그다지 많지는 않은 것 같다. 그저 호구지책으로 직장생활을 하거나 자영업을 하는 사람들로서는 늘 일탈을 꿈꿀 수밖에 없다.

동아리는 그런 의미에서 삶의 거름이 되고 윤기 있는

생활의 활력소가 된다. 동아리에 모인 사람들은 모두 비슷한 취미를 가지고 있다는 공통점이 있다. 따라서 그 유대관계는 이루 말할 수 없이 견고하다.

남자와 여자의 차이, 나이가 많고 적음의 차이는 동아리 내에서 모두 흡수되고 밝고 명랑한 분위기가 유지된다. 그리고 이런 동아리는 인간적인 믿음을 바탕으로 하고 있기 때문에 강력한 인맥의 바탕이 된다.

사내에서 동아리를 만들어 활동하는 경향이 최근 눈에 띄게 많이 늘었다. 그 범위도 다양하여 예전에는 클래식, 테니스, 볼링, 등산 같은 평범한 수준이었지만 요즘엔 첼로, 스타크래프트 같은 세부적인 동아리도 많이 등장했다.

사내에서 이런 동아리 활동을 한다면 무미건조한 직장 생활에 좋은 윤활유 역할을 할 뿐더러 직장에서의 생활도 활력이 넘친다.

만일 직원 수가 적어서 이런 동아리를 만들 수 있는 여건이 되지 않는다면 인터넷을 이용한 동아리에 적극적으로 참여하는 방법도 있다. 수많은 사람들이 이용하는 인터넷에서 자신과 같은 취향의 사람을 만난다는 것은 참 뜻 깊은 일이다.

K증권의 김 과장은 몇 해 전 직장인 스타크래프트 대회

를 앞두고 사내에서 '스타크래프트 동호회' 를 만들었다. 위
로는 부장을 모시고 아래로는 부하직원들의 눈치를 보다 보
니 딱한 샌드위치 신세였지만 이 동호회를 통하여 많은·직
원들을 사귈 수 있었다.

대부분이 김과장보다 적게는 몇 살 많게는 십 년 넘게
차이가 나는 직원이었지만 같은 취미생활을 한다는 공감대
로 서로 친하게 지낼 수 있었고 이런 친밀함은 업무에서도
많은 이점을 안겨 주었다.

인터넷 까페

인터넷을 통한 동호회는 온라인으로 만남이 이루어지
기 때문에 정보 교환의 수준에만 머무르는 경우도 있다. 하
지만 '번개' 를 통한 오프라인에서의 만남으로 그 정이 더
돈독해지는 경우도 많다.

인터넷 사이트에서 제공하는 카페를 활용하는 것도 한
방법이다. 아주 손쉽게 카페를 개설할 수 있고 이 카페에서
자신과 같은 취미를 가진 사람을 불러 모을 수 있는 것이다.

'10억 열풍' 을 타고 인터넷 사이트 다음의 '10년 10억

카페'는 회원수만 35만 명을 넘어서는 거대집단을 형성하기도 했다. 이런 카페에는 공통된 관심사를 가지고 있는 사람들이 모이기 때문에 자신만의 노하우를 서로 공개하기도 하고 격려하기도 하며 공통된 목표를 향해 나아가는 아름다운 모습을 볼 수 있다.

사내의 동아리에 비해 사외의 동아리는 또 다른 큰 특징이 있다. 바로 회원간의 상부상조 정신이다. 카드회사를 다니는 직원은 동아리를 통해 카드 신규회원 확보에 도움을 받을 수도 있고 증권사에 다니는 직원은 회사의 증권저축캠페인에 멤버들의 도움을 받을 수도 있다. 어차피 만들 카드라면 이왕이면 같은 동아리에 있는 회원의 회사에서 카드를 만들고 어차피 가입할 증권저축이라면 이왕이면 같은 동아리의 회원이 있는 증권사에서 계좌를 만드는 것이다.

믿음의 동지들

우리나라에서 종교를 가지고 있는 사람들의 분포를 살펴보면 전국 종교인구는 55.7%, 무교는 44.3%로 나타난다. 그리고 종교인구 중에서는 불교가 제일 많고 그 다음이 기독교, 천주교 순이다.

우리나라의 무교들은 조상숭배를 경원시하는 개신교보다는 불교 쪽에 치우쳐 있어 실제 불교 인구는 더 많다는 것이 정설이다. 지역적으로 보면 영남 쪽은 불교 색채가 강하고 호남 쪽은 개신교 색채가 강한 모습을 보인다.

각 종교들마다 다 특색이 있고 그래서 그 종교를 믿는

사람들도 모두 특색이 있다.

일반적으로 천주교와 불교의 경우는 타 종교와의 갈등에서 한 걸음 비껴 서 있고 서로 이해하는 측면이 강하다. 크리스마스 날이 되면 일부 사찰에서는 '경축 성탄절' 이라고 현수막을 걸기도 하고 부처님 오신 날에는 성당에서 '봉축 부처님 오신 날' 이라고 현수막을 걸기도 한다. 실제 천주교의 미사에서는 불교의 대표적인 단어라고 할 수 있는 '자비' 라는 말을 사용하여 '주님, 자비를 베푸소서' 하며 기도하기도 한다.

하지만 신자들끼리의 유대감은 그렇게 강력한 편은 아니다. 불교나 천주교 신자들의 경우는 잘 드러내지 않는 경향이 많아 절이나 성당 내에서 반갑게 인사하는 것으로 그치는 경우가 많다. 구역모임들이 있긴 하지만 여성과 달리 남성모임의 경우는 일부 지역의 경우를 제외하고는 그렇게 활성화되어 있지도 않다.

이에 비해서 개신교의 경우는 철저한 믿음으로 일관하고 타 종교에 대해서도 상당히 배타적인 부분이 많다. 그래서 같은 교회 신자들끼리의 단합(?)은 정말 잘 되지만 여타 종교와의 화합에서는 한 걸음 물러선 모습을 보이곤 한다.

실제로 교회의 홈페이지에서는 같은 신자들이 운영하는 가게들을 적나라하게 명시하여 그 가게를 이용해줄 것을 노골적으로 권하는 사례도 많다.

신앙인으로서의 인맥

같은 신앙생활을 하면서 구축되는 인맥은 믿는 사람의 입장에서는 더 바랄 나위가 없다. 같은 신앙을 가지고 있기 때문에 가능하면 서로 도와주려고 하는 마음의 준비가 되어 있다. 그래서 일부 영업맨들은 오로지 영업을 위해 유력인사들이 많이 모이는 교회에서 예배를 보기도 한다.

단순히 이권만을 위해서 그리고 인맥을 이용하기 위해서 신앙을 이용하는 경우는 지양돼야 할 것이다. 하지만 같은 신앙인으로서 서로 도움을 주는 것은 아름다운 일이다.

수원에 사는 진씨는 최근 성당의 덕을 톡톡히 보았다. 진씨의 손녀는 백혈병에 걸려 아주대학병원에서 치료를 받고 있었고, 궁핍한 살림의 진씨에게는 치료비를 감당하기가 무척 버거웠다.

이런 진씨의 딱한 사정을 알게 된 성당에서는 신자들이

힘을 모아 병원비를 마련해주었고 진씨의 손녀는 현재 통원 치료를 받으며 회복중이다. 물론 이는 진씨가 독실한 신자였기 때문에 가능했다. 평소 신앙심 깊은 진씨를 눈여겨보았던 신부님과 수녀님의 도움이 없었다면 진씨의 딱한 사정이 알려지지 않았을 것이기 때문이다.

● 만남을 풍성하게 하는 talk-talk

닭 도둑의 변명

어떤 이가 자주 이웃집 닭을 훔치곤 했다.

한 지인이 그에게 타이르듯 말했다.

"어찌 이리 부도덕한 일을 일삼는가? 어서 그 나쁜 버릇을 고치도록 하게."

닭을 훔치는 자가 대답했다.

"나도 그것이 그릇된 짓인 줄 안다네. 그런데 이미 습관이 되어버려 참으로 고치기가 힘드네. 이렇게 함세. 이후로는 좀 적게 훔치도록 하지. 앞으로 한 달에 한 마리만 훔치다가 내년부터는 완전이 손을 끊겠네. 어떤가!"

스스로의 과실을 깨닫고 고치고자 한다면 가능한 한 빨리 결단을 내려야지 어찌 명년까지 기다릴 것인가?〈孟子〉

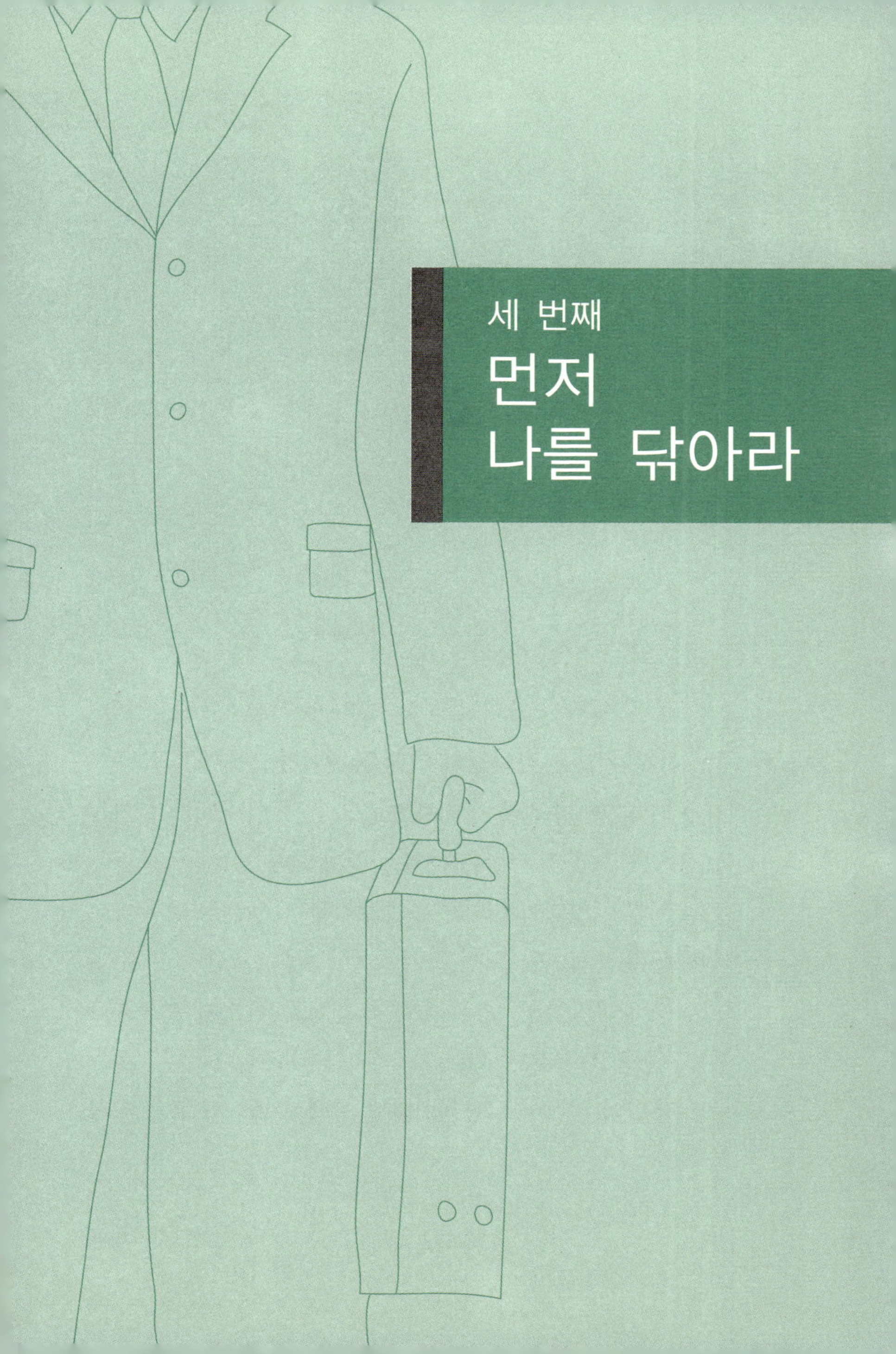
세 번째
먼저
나를 닦아라

나 자신부터 파악하자

좋은 인맥을 가지고 싶은 것은 누구나의 소망일 것이다. 하지만 많은 사람들의 인맥은 편협하고 왜소한 수준에 머물러 있다. 주위를 둘러보아도 소위 마당발이라고 하는 넓은 인맥을 가진 사람은 의외로 많지 않다.

본인의 인맥이 빈약하다고 생각하는 사람은 먼저 좋은 인맥을 확보하려는 노력을 기울여야 한다. 그래서 먼저 나 자신부터 파악하는 '주제 파악'이 필요하다. 인맥 만들기에서 가장 중요한 것은 바로 나 자신이기 때문이다.

본인의 성격이 외향적이라면 인맥 만들기에 유리한 상

황이 조성되겠지만 반대로 내성적이라면 외향적인 사람에 비해서 분명 불리하다.

대체적으로 외향적인 사람의 인맥은 넓은 모습을 보이는 반면 내성적인 사람의 인맥은 좁은 모습을 보인다. 인맥 만들기를 위해서 본인의 성격을 바꿀 수 있다면 좋겠지만 긴 세월 동안 형성된 성격이 일순간에 바뀔 리는 만무하다.

내성적인 사람이라면

내성적인 성격의 소유자는 양보다 질로 승부해야 한다. 어차피 넓은 인맥을 가지기 힘들다면 깊은 인맥이라도 유지해야 하기 때문이다. 실제로 내성적인 사람들은 넓은 인맥을 보유하지는 못하지만 자신이 필요할 때 '한 방'이 되어주는 깊이 있는 인맥을 가지고 있는 경우가 많다.

또한 기존의 인맥을 확실하게 정비하는 것이 가장 중요하다. 인맥을 넓히려고만 생각하지 말고 기존에 있는 나의 인맥을 잘 관리해야 한다는 것이다.

수신제가치국평천하(修身齊家治國平天下)라고 했다. 기존의 인맥을 방치한 채 새로운 인맥을 찾아 나선다면 안과 밖이 다 부실해질지도 모를 일이다.

그리고 자신의 부족함을 보완하기 위해서라도 가급적 폭넓은 인맥을 가진 사람과의 긴밀한 관계가 필요하다. 비록 인맥의 폭이 좁더라도 그 사람을 통해서 상당부분 극복할 수 있기 때문이다.

외향적인 사람이라면

성격이 외향적인 사람들은 수줍음을 타지도 않고 행동도 항상 당당하여 활력이 넘치는 경우가 많다. 이 경우의 사람들 중에는 사람 만나는 것 자체를 즐기는 사람도 많다.

꼭 무슨 일이 있어야만 만나는 것이 아니라, 그저 얼굴 한 번 맞대고 의미 없는 농을 주고받으면서도 굳이 사람들을 만나러 돌아다닌다. 각종 모임에도 빠지지 않고 남의 집 제사상까지 시시콜콜 다 관여한다.

단, 이렇게 폭 넓은 인맥을 가진 사람들에게 생길 수 있는 결점이 있다. 바로 깊이가 얕아질 우려가 있다는 것이다. 많은 사람들을 모두 깊이 있는 인맥으로 유지할 수 있다면 그야말로 금상첨화겠지만 '한 몸에 두 지게 못 진다'는 속

담처럼 이 둘을 동시에 충족시키기란 힘들다. 이런 점에서
는 내성적인 사람이 좀 더 유리한 편이다.

처마에 걸어둔 목초

한 여행자가 어느 시골마을을 지나가는 중이었다. 그런데 한 늙은 농
부가 소에게 먹일 목초를 삽으로 초가의 처마로 퍼 올려 걸치는 것을
보게 되었다.

여행자는 기이하게 여겨 노인에게 물었다.

"어르신! 목초를 바닥에 두고 먹이면 소에게 훨씬 편리한 것이 아닌지
요?"

노인이 대답했다.

"이 목초는 별로 질이 좋지 않아서 바닥에 두면 소가 먹지 않을 뿐 아
니라 잘 쳐다보지도 않아요. 그러나 이것을 소에게 닿을 듯 말 듯한 처
마에 걸쳐두면 소가 먹으려고 애를 쓸 뿐 아니라 한꺼번에 깨끗이 맛
있게 먹어치워 버리지요."

부지런함으로
인정받아라

인맥관리에 있어서 가장 큰 덕목은 부지런함이다. 실제로 주위를 둘러보아도 부지런한 사람의 인맥과 게으른 사람의 인맥은 천양지차다.

사람과 사람사이의 관계는 철저히 '눈에서 멀어지면 마음도 멀어지는' 관계다. 초등학교 때 친구가 잘 생각나지 않는 이유는 오랜 기간동안 눈으로 보지 못했기 때문이다. 굳이 만나서 할 일이 없더라도 일단은 만나서 농담이라도 주고받는 것이 좋다.

바빠서 직접 얼굴을 대면하지 못 한다면 전화라도 자주

하자. 평소에 전화 한 통화 없다가 부탁할 일이 있을 때 덜렁 전화해서 도와달라고 하면 전화 받는 쪽에서는 반가운 마음보다 괘씸한 마음이 앞서는 것이 사실이다.

평소에 인맥의 끈을 놓치지 않으려면 최소한 전화 한 통화 정도의 수고스러움은 감수해야 한다. 최근에는 인터넷이 발달함에 따른 이메일의 보편화로, 이를 이용하는 것도 좋은 방법이다. 한 달에 한두 번이라도 이메일을 주고받는다면 아마 그 관계는 계속 이어질 것이다.

필자의 경우는 안부를 묻는 이메일 주소를 모두 한 군데로 모아 놓았다. 그래서 연말이나 혹은 신변에 변화가 생기면 그 메일로 한꺼번에 송부한다. 물론 그룹을 만들어 두는 것이 좋다. A그룹은 친구들, B그룹은 거래처들, C그룹은 후배들 이렇게 그룹을 지어놓으면 적절한 내용의 편지를 보낼 수 있다.

핸드폰의 문자서비스를 이용하는 것도 아이디어다. 문자메시지가 젊은이들만의 전유물은 아니다. 간편하게 보낼 수 있고 바로 확인이 가능한 문자메시지는 이메일에서 느끼지 못한 반가움을 줄 수 있다.

직접 만나든지, 전화를 이용하든지, 이메일이나 문자메시지를 이용하든지 간에 이 모든 것들은 부지런함이 바탕에 깔려있어야 한다. 이런 부지런함이 번거롭게 느껴진다면 인맥관리는 처음부터 포기하는 편이 좋다.

이웃사촌

이웃사촌이라는 말이 있다. 멀리 있는 사촌보다 자주 보는 이웃이 낫다는 얘기다. 인맥이 바로 그러하다. 자주 접촉하지 않으면 자연히 멀어지고 자주 접촉하면 자연히 가까워진다. 시간이 날 때마다 명함집을 뒤적거리거나 수첩을 보면서 한 사람 한 사람 생각해보자. 분명 만나서 소주 한 잔 해야 할 사람도 떠오를 것이고 전화 한 통해야 할 사람이 생길 것이다.

법인영업을 하는 최차장은 부지런하기로 사내외에 소문이 파다한 사람이다. 필자도 나름대로 부지런하다고 자부하지만 최차장을 보면 그 부지런함에 혀를 내두를 정도다.
벌써 7~8년 전의 일이다. 필자가 명동에 있는 서울은행 본점에 섭외를 갔었는데 그 곳에서 우연히 최차장을 마주쳤다. 그 다음 날은 공무원연금에 섭외를 갔었는데 그 곳에서 또 마주쳤다. 이렇게 이틀을 연이어 마주치다보니 필자의 머리 속에는 '최차장은 정말 부지런한 사람' 이라는 인식이 깊이 각인되었다. 최차장은 그래서 가는 곳마다 아는 사람도 많고 반기는 사람도 많다.

● 만남을 풍성하게 하는 talk-talk

추선(秋蟬)

하인들에게 매우 인색한 주인이 있었다. 이집 하인들은 항상 입고 먹는 것이 궁색하기 짝이 없었다. 어느 날 추선(秋蟬 : 가을매미)이 우는 소리를 듣고 하인이 주인에게 물었다.

"지금 울고 있는 것이 무슨 벌레입니까?"

"추선이 우는 소리지."

"추선은 무얼 먹고 삽니까?"

"단지 바람과 이슬을 먹고 살지."

"그럼 무얼 입고 사는지요?"

"아무 것도 입지 않는단다."

"그럼 저 추선이 이 집의 머슴을 살면 참으로 적당하겠습니다!"

〈廣笑府〉

긍정적인 사고방식을 가지자

인맥이란 결국 사람과 사람 사이의 관계다. 이런 관계에서는 이해하고 포용하는 마음이 필요하고 넓은 아량도 필요하다. 한 마디로 매사를 긍정적으로 생각하고 행동하는 것이 꼭 필요하다는 이야기다.

매사를 비관적이고 비판적으로 본다면 말이나 행동에 날이 설 수 밖에 없다. 그리고 이렇게 날이 선 사람에게는 아무도 가까이 하려고 하지 않는다. 어떤 사람과 만나서도 선입관이나 편견을 가지지 않고 부드러운 마음으로 대화할 수 있는 긍정적인 마음이 필요하다.

성격이 괴팍하거나 남으로부터 호감을 주지 않는 언행을 하는 사람들은 주위에 친구들도 드물다. 하지만 이런 사람들이 모두 인격적으로 문제가 있는 사람들은 아니다. 오히려 정말 마음이 선한 사람들인데 교제방법이 서투르거나 대인관계에 미숙해서 그런 평가를 받는 경우가 많다. 게다가 자신이 주변사람들에게 좋은 평가를 받지 못한다는 부담감 때문에 더욱 더 폐쇄적이 되어 버리는 경우가 많은데 이러한 부류의 사람들에게는 따뜻한 눈길만 보내주어도 속으로 고마워한다.

사실 태어나면서부터 악한 사람은 없다. 자라온 환경이 다르고 성장해온 배경이 다르기 때문에 형성된 성격도 다를 뿐이다. 그렇게 생각하면 모난 사람들에게 접근하기도 한결 쉬워질 수 있다.

문제는 내가 다른 사람으로부터 좋은 인상을 주지 못하는 경우다. 그 이유는 두 가지가 있는데 첫 번째는 정말 나 자신에게 문제가 있는 경우이고, 두 번째는 내가 오해를 받는 경우다.

첫 번째로 나에게 문제가 있는 경우에는 무조건 내가 먼저 고쳐야 한다. 완벽하게 고치지는 못하더라도 고치려고 노력하고 애를 써야 한다. 어쩌면 그런 모습만으로도 나에 대한 타인들의 시각이 많이 바뀔 수 있다.

하지만 내가 오해를 받고 있는 경우에는 해답이 없어 답답할 수밖에 없다. 내 속마음을 뒤집어 보일 수도 없는 것이고 구구절절이 변명을 하기에도 마땅치 않다. 이런 경우에는 결국 긴 시간이 소요되더라도 꾸준히 나의 본래 모습을 보여주는 수밖에 없다.

더 근본적인 해결책은 평소에 남들로부터 곡해를 받지 않도록 행동 하나 말 한마디에 주의를 기울이는 것이다. 한 번 선입관이 잘못 생겨버리면 그 관념이 오래 가는 법이기 때문이다.

별종들

어느 직장에서나 별종들이 있기 마련이다. 이런 별종들을 대하는 모습은 크게 두 가지인데 하나는 그들을 경원시하며 바라보는 것이고 또 하나는 이해하고 쳐다보는 것이다.

이런 별종들은 아군과 적군의 구분이 명확하다. 그래서 사회생활에서 손해도 많이 보는 타입이다. 하지만 이런 타

입과 끈끈한 인맥을 맺는다면 절대 배신하지 않는 충성스러
운 인맥이 된다.

　필자가 다니던 회사에 튀는 직원이 한 명 있었다. 남들
이 모두 그냥 쓰는 모니터 덮개를 씌워서 사용하고 남들은
모두 책상위에 두는 전화기를 파티션 앞에 달기도 하고 수
염을 일주일 넘게 깎지 않아 산적같이 하고 다니는 그 친구
를 많은 사람들은 거리감을 두고 지켜보았다.

　심성은 더 없이 착한 사람인데 하는 짓이 하도 유별나
다 보니 상급자에게는 요주의 인물로 찍힌 것이다. 결국 명
예퇴직으로 회사를 그만 두었는데 필자는 이 친구의 도움
을 많이 받았다. 늘 따뜻한 눈과 잔잔한 웃음으로 바라보는
것이 고마웠던지 필자가 필요한 자료를 적시에 챙겨주곤
했다.

적극적으로 행동하자

누구나 좋은 인맥을 꿈꾼다. 하지만 사과나무 밑에서 입을 벌리고 있다고 사과가 떨어지지 않듯이 좋은 인맥 스스로 만들어지는 것은 결코 아니다.

좋은 인맥은 긍정적인 사고방식과 더불어 적극적인 행동이 아우러질 때만 가능하다. 모든 것이 다 마찬가지겠지만 특히 인맥 만들기에 있어서는 말만 앞서는 것보다 행동이 앞서야 한다.

이렇게 이야기를 하면 대부분의 사람들은 바빠서 인맥을 관리할 시간이 없다고 하소연한다. 실제로 많은 사람들이 시간에 쫓기는 현실에서 시간을 투자하여 인맥을 관리하라고 강조하면 팔자 좋은 사람으로 오인 받을 수도 있다.

시간을 내기 힘들 때는 자투리 시간을 이용하는 지혜가 필요하다. 군사학교에서 훈련을 받는 훈련생들은 늘 타이트한 시간에 쫓긴다. 그래서 화장실에서도 느긋하게 앉아 있지 못하고 토끼똥을 누곤 한다. 인맥관리에 신경을 써야 하는 입장도 결국은 이와 마찬가지인데 시간을 쪼개어 쓰는 '토끼 시간'을 잘 활용할 줄 알아야 한다.

필자의 경우는 섭외를 나갈 때 짧은 시간에 많은 사람

들을 만나기 위해 지역을 안분해서 다닌다.

예를 들어 명동지역을 나간다고 하면 제일 먼저 기업은
행을 방문하여 지인을 만나고 다음엔 하나은행, LG화재, 삼
성화재, 국민은행, 외환은행의 순으로 한 바퀴를 쭉 도는 식
이다. 이동하는 데 걸리는 시간이 거의 없기 때문에 짧은 시
간에 많은 사람들을 만날 수 있다.

이렇게 지역을 정해서 도는 순서를 정해 놓으면 나중에
는 마치 김유신의 애마가 단골술집으로 향하듯 내 발이 저
절로 움직이는 모습을 발견할 수 있다.

상대방이 바쁜 시간을 파악하라

또한 쓸데없이 낭비되는 시간을 줄이고 효율적으로 시
간을 사용할 줄도 알아야 한다. 효율적인 시간관리는 전략
적으로 시간을 사용하는 것을 말한다. 상대방의 입장을 배
려하는 것이 그 전제조건이다.

예를 들어 대부분 기업의 경리부서는 오전에는 한가한
모습을 보이다가 은행 마감시간이 되면 무척 바빠진다. 경

리부에 근무하는 지인에게 안부전화를 할 때에는 당연히 은행 마감시간을 피해야 한다. 오전에 전화하면 상대방도 부담 없이 좋은 이야기를 할 수 있을 것이다.

증권사의 영업직원은 오전 9시 근처와 오후 3시 근처가 가장 바쁜 시간이다. 하루의 첫 주가가 나오는 시간이 9시이고 하루의 주가가 마감되는 시간이 3시이기 때문이다. 이 시간대에 전화하면 신경이 곤두서 있는 관계로 마음 편히 이야기를 하기 힘들 것이다.

대부분의 사람들에게는 바쁜 시간대가 있고 한가한 시간대가 있다. 가능한 한 상대방의 한가한 시간을 찾아내어 그 시간대를 활용하는 전략이 필요한 것이다.

영업직원들의 경우에는 특히 상대방이 편한 시간에 전화하는 지혜가 필요하다. 보통 노인 분들의 경우는 이른 아침이 통화하기에 제일 좋은 시간대이다. 나이를 먹을수록 아침잠이 없어지기 때문에 새벽부터 일어나서 체조를 하거나 신문을 뒤적이는 분들이 많기 때문이다. 이 분들에게는 이른 아침에 전화를 드려서 밤새 안녕히 주무셨냐고 인사하면 고마워한다.

하지만 가정주부에게 이른 아침에 전화하면 환영받지

못한다. 남편 출근시키랴, 아이들 학교 보내랴, 아침상 치우
랴, 집안 청소하랴, 아침시간대가 가정주부로서는 일이 몰
려 있는 시간대이다. 가정주부들에게는 10시가 넘어서 전화
해야 환영받는다.

고슴도치의 법칙

두 마리의 고슴도치가 있었다.

피곤하고 졸린 이들은 추운 날씨에 체온을 유지하기 위해 서로 부둥켜
안고 있고 싶었다. 그러나 몸에 돋은 가시가 서로를 찔러 하는 수 없이
떨어져 일정한 거리를 유지하며 잠을 청했다.

그렇게 시간이 한참 흐른 후, 추위에 떨던 이들은 어느새 자기도 모르
게 또다시 서로에게 가까이 다가가 껴안았으나 가시 때문에 떨어지곤
했다. 이런 일이 수차례 반복된 후, 마침내 두 마리의 고슴도치는 서로
의 체온을 느끼면서도 가시에 찔리지 않는 적정한 거리를 찾아내게 되
었다.

실력을 갖추자

인맥을 활용한다는 것은 단순히 인맥으로 모든 것을 해결하기 위함이 아니다. 인맥을 활용하기 전에 갖추어야 할 것은 본인의 실력이다. 본인의 실력이 전제되지 않은 인맥 활용은 그저 무대포로 밀어붙이는 시정잡배들이나 하는 짓이다. 실력과 인맥이 합쳐져야지만 엄청난 시너지 효과를 발휘할 수 있다.

가장 먼저 본인이 현재 하고 있는 일에 전문가가 되어야 한다. 본인이 선생님이라면 아이들을 가르치는 데 탁월한 능력을 보여야 한다. 또한 입시경향도 나름대로 분석하여 상급학교에 진학하는 아이들을 배려할 줄도 알아야 하고 아이들의 심성교육에도 관심을 기울여야 한다. 물론 이는 어려운 일이다. 실제로 선생님들의 경우 아이를 가르치는 시간보다 잡무에 시달리는 시간이 더 많다고 하니 그 고충을 모르는바는 아니다. 하지만 그래도 나름대로 방법을 찾아보아야 한다.

회사원이라면 무조건 본인이 하고 있는 일에 대해 전문적인 지식을 가지고 있어야 한다. 또한 그 업계의 동향을 파악하여 트렌드의 변화에도 민감하게 대응할 수 있어야 한다. 만일 현재의 직책이 사원이라면 대리의 수준까지 끌어올려야 하며 대리라면 과장, 과장이라면 차장, 차장이라면 부장의 수준까지 끌어올려야 한다.

현재의 나의 직급에 만족하지 말고 나보다 한 직급 위의 입장까지 생각해서 그 수준까지 실력을 높인다면 전문가의 소리를 들을 수 있을 것이다. 초급간부 시절에는 사내에서 전문가 소리를 들어야 하며 고급간부가 되어서는 그 업종에서 전문가 소리를 들어야 한다. 그렇게 전문가 소리를 들어야 내 몸값도 올라가는 법이다.

자영업을 하는 사람이라면 일단 자신이 종사하는 사업체를 초석위에 반듯하게 올려놓아야 한다. 조그만 분식집을 경영하더라도 이 분식집을 특화시켜 특색 있는 분식집으로 키워야 한다. 현재 자신이 하고 있는 사업체를 키운다는 것은 그 방면의 전문가가 된다는 뜻이며 이렇게 전문가의 반열에 오를 수준이 되어야 본인이 인맥의 중심으로 자리 잡을 수 있다.

그리고 이렇게 전문가가 되면 본인이 원하지 않더라도 인맥은 저절로 확장되게 되어 있다. 내가 찾아가서 만나는 인맥뿐만 아니라 날 찾아오는 인맥까지 더해져서 인맥은 기하급수적으로 늘어난다.

자격증을 따자

내가 실력을 갖추었다고 하더라도 그것을 객관적으로 증명할 수 없다면 답답한 노릇이다. 이런 경우를 대비해서 자격증을 따놓는 것이 좋다.

사무직 업무를 보는 사람이라면 기본적으로 워드프로세서와 엑셀 정도의 프로그램에는 숙달되어 있어야 한다.

워드프로세서에 숙련된 사람이라면 '워드프로세서 자격증'을 획득하는 것이 좋을 것이다. 이 시험은 3급, 2급, 1급이 있는데 3급은 초등학생 정도도 획득할 수 있고 일반적으로 2급을 많이 획득하고 있으며 좀 실력이 있다고 하면 1급에도 도전해볼 수 있다. 필자도 광명지점장 시절 직원들과 같이 이 시험을 봐서 1급 자격증을 딴 적이 있었는데 생각보다 그렇게 어렵지 않았던 기억이 난다.

또한 엑셀 등은 '컴퓨터활용능력자격증'을 통해서 자격을 획득할 수 있다. 이 시험도 역시 3급, 2급, 1급이 있는데 1급은 데이터베이스에 관한 것이고 2급이 엑셀에 관한 것이니까 2급을 목표로 해서 자격증을 따는 것이 좋을 것이다.

이 외에도 증권투자상담사나 선물거래상담사 FP 등의 자격은 금융ODS를 나가는 입장에서는 꼭 필요하다고 할 것이다.

남들보다 한 걸음 더 앞서가자

남들처럼 평범하게 말하고 평범하게 행동한다면 늘 중간은 갈 것이다. 하지만 이런 식으로는 좋은 인맥을 구축하기 힘들다. 나한테 남들이 가지고 있지 않은 무언가가 있어야 한다. 남들보다 한 걸음 먼저 앞서 가려면 기발한 발상과 강력한 추진력이 필요하다.

특별한 행동을 하거나 특별한 시각을 가지고 있어야만 남들의 기억 속에 오래 남을 수 있다. 이런 부분은 총동문회 같은 다양한 연령대의 사람들이 모인 장소에서 더 빛을 발한다. 이렇게 실력을 쌓아놓으면 자연스레 사람들이 주위로

몰리는 부수효과를 얻기도 한다. 특히 아직 다른 사람들이 잘 알지 못하는 것에 대해 폭넓은 지식을 가지고 있는 경우는 더욱 더 그러하다.

이러한 지식을 얻기 위해서는 다방면에 걸쳐서 교양을 쌓는 것이 중요하다. 시사적인 문제에서부터 예술적인 문제까지 여러 분야에 걸친 풍부한 교양을 쌓아야 한다. 책을 읽고 신문을 보는 것은 물론이고 최근에 유행하는 영화를 본다든지, 최근의 흐름을 제시하는 잡지를 읽는다든지 하는 것도 필요하다. 그래서 항상 어떤 주제가 화제로 떠올라도 즐거이 대화에 참여할 수준이 되어야 한다.

얼리어답터족이 되는 것도 고려해볼 만 하다. 얼리어답터 족이 되면 남들보다 더 빨리 제품에 대한 지식과 정보를 얻을 수 있기 때문에 화제의 중심에 설 수 있다. 이렇게 선지자적인 지식과 행동을 보인다면 자연스럽게 나를 중심으로 한 인맥이 형성될 수밖에 없다.

시대를 앞서는 사람이 되라

이 때 주의할 점 한 가지는 앞서가되 튀지는 말라는 것이다. 어떤 점에서는 튀는 것도 필요하겠지만 '튀어나온 못이 정 맞는다'는 속담처럼 오히려 손해 볼 때도 많다. 아주 조금 튀어나와도 기어코 때리려고 하는 사람들이 꼭 있다. 때린다고 자신이 무슨 득을 보는 것도 아닐텐데 남이 잘 하는 꼴을 못 보는 사람들이다. 소인배란 원래가 그런 것이다.

전산장교 출신인 황씨는 사람들이 이메일이 무엇인지 모를 때 이메일을 명함에 인쇄하여 다녔다. 만나는 사람마다 이메일이 무언지 설명해주었으며 사용방법도 설명해주었다. 이러다보니 남들이 이메일을 만들어 제일 먼저 메일을 날리는 것이 황씨의 이메일이었다. 이렇게 이메일로 다져진 단단한 인맥은 황씨의 직장생활에 큰 도움을 주었다.

비단 이메일뿐만 아니라 개인 홈페이지도 남들보다 훨씬 미리 구축하였다. 웬만한 회사들도 홈페이지가 없을 때 구축한 황씨의 홈페이지는 그야말로 높은 인기를 누렸고 다른 사람들이 홈페이지를 만들 때 가장 먼저 떠올린 사람은 전산실 직원이 아닌 바로 황씨였던 것이다. 아직 블로그의 개념이 생소하던 때 가장 먼저 블로그를 하고 싸이질을 한 황씨의 인맥은 당연히 두터울 수밖에 없다.

몸이 피곤한 만큼 마음이 편해진다

솔선수범하는 적극성을 보여주는 것은 인맥형성의 좋은 밑바탕이 된다.

여러 회사에서 온 직원들을 대상으로 집합교육이 있을 때 '반장'을 뽑는 일이 있다. 물론 반장이라고 하는 것이 이름만 '반장'이지 실제 하는 일은 '잡부'인 경우가 많다. 그래서 대부분 이런 반장하기를 기피하는 편이다. 이럴 때 솔선해서 내가 반장을 하겠노라고 나선다면 그 희생정신을 높이 살 것이다.

반장을 하다 보면 여러 가지 전달할 사항을 알리기 위

해 자연스럽게 사람들 앞에 서야 하고 그러다보면 얼굴도 익히게 된다. 우리나라 사람들의 특징중 하나는 낯선 사람에게는 경계심을 가지지만 낯익은 사람에게는 별로 경계심을 가지지 않는다는 것이다. 이렇게 상대방의 경계심을 풀어놓을 수 있다는 것 하나만으로도 굉장히 큰 소득이다.

또한 반장을 하면서 주소록을 작성한다면 자연스럽게 연락처를 모두 알 수 있게 되고 그 모임의 중심축에 설 수 있다. 더군다나 교육이 끝나 모임을 주선하기라도 한다면 그 주가는 더욱 더 올라갈 것이며 꼭 모임이 아니더라도 따로 만날 수 있는 기회가 생길 것이다.

이렇게 인맥을 넓혀가다 보면 본인이 필요한 자료를 가지고 있거나 본인이 수행하고 있는 프로젝터의 해답을 가지고 있는 사람도 있기 마련이다. 또한 비교적 긴 시간이 지나도 상대방에게 기억되기 때문에 인맥의 끈을 놓치지 않는 장점도 있다.

한국생산성본부나 능률협회 등에서 어떤 주제를 놓고 며칠간 워크숍을 하는 경우도 있다. 이 때에는 동일한 주제의 워크숍이기 때문에 그 분야에 관련이 있는 사람들로 구성되기 마련이다. 이런 사람들은 나의 업무와도 밀접한 관계가 있는 사람들이다. 따라서 수시로 내가 도움을 줄 수도 있고 도움을 받을 수도 있는 관계로 발전 가능하다.

이 때 주의할 점은 사업상 혹은 업무상 필요할 때만 연락하고 필요성이 상실되면 연락이 끊는 우를 범해서는 안 된다는 것이다. 이렇게 되어버리면 이 인맥은 더 이상 뻗어나가지 못하고 막힌 골목이 되어버린다.

K증권회사 법인부에서 근무하던 김차장은 지점으로 발령이 나자 지점장의 양해를 구하고 보름간에 걸쳐 거래처를 방문하여 지점으로 인사이동이 났음을 알리고 인사를 다녔다. 인사이동이 나면 연락을 않거나 아니면 전화로 통보하듯이 인사하는 것이 대부분인 상황에서 이렇게 일일이 찾아와서 인사하는 김차장에 대한 법인들의 시선은 따스할 수밖에 없었고 이런 따스한 눈길은 '지점으로 발령난 김차장을 도와주어야겠다' 는 공감대를 형성하게 되었다.

그래서 지점으로 발령 난 김차장은 법인들의 도움으로 주식약정과 투자신탁 수탁고에 상당한 실적을 거양할 수 있었다. 오랫동안 인맥을 유지하고자 했던 김차장의 순수한 마음이 기대하지 않았던 결과를 가져온 것이다.

김차장의 지론은 '몸이 좀 피곤하면 마음이 편하다' 는 것이다. 거래처를 다니고 인사를 드리고 하는 것은 사실 피

곤한 일이다. 하지만 그렇게 몸이 좀 고달프면 이상하게도
마음은 그렇게 편할 수가 없다고 한다.

기업과 피고용자의 결혼

내일이면 시집가는 한 처녀가 어떻게 남편의 사랑을 얻고 백년해로 할
수 있을 것인지에 대해 어머니께 가르침을 구했다.

어머니는 아무 말 없이 마당 한 켠에서 두 손으로 모래를 한 움큼 집어
들어 딸에게 보였다. 어머니가 두 손으로 부드럽게 잡고 있는 모래는
하나도 흘러내리지 않고 손위에 잘 머물러 있었다.

그러나 어머니가 모래를 꽉 움켜잡자 모래는 손가락 사이로 조금씩 흘
러내리기 시작했다. 그리고 그 잡는 강도가 세면 셀수록 흘러내리는
모래의 양도 더욱 많아졌다.

어머니는 딸에게 부부간의 사랑도 이와 같은 것이라고 조용히 말해주
었다.

얼굴보다는 마음으로 다가서라

　　인맥에서 중요한 것은 얼굴이 아니라 마음이다. 당연한 말이겠지만 얼굴이 잘 생겨야지만 좋은 인맥을 만들 수 있는 것은 아니다. 실제로 얼굴이 잘나지 못해도 인맥이 넓은 사람은 무척 많다.

　　우리는 주위에서 사람들이 많이 모이는 사람과 사람들이 기피하는 사람들을 발견할 수 있다. 사람들이 주위에 많이 모인다는 것은 그 사람에게 넉넉한 마음이 있기 때문이다. 그런 사람은 주위의 고민도 들어주고 기쁨도 같이 나눌 줄 아는 사람이다. 이에 비해서 사람들이 기피하는 사람은 이기적이거나 배타적인 사람이어서 자신만을 아는 사람이다.

좋은 인맥을 가지기 위해서는 어느 정도의 연출력도 필요하다. 지저분한 모습보다는 깔끔한 모습, 다혈질인 성격보다는 온화한 성격, 계산적인 모습보다는 헌신적인 모습을 연출할 때 보다 좋은 인맥을 만들 수 있을 것이다. 물론 '양의 탈을 쓴 늑대'가 되라는 뜻은 아니다. 실제로 그렇게 바뀌어야 한다는 것이다. 얼굴이 잘 생겼다고 좋은 인맥이 만들어지는 것이 아니라 마음이 잘 생겨야 좋은 인맥이 만들어진다.

인맥 만들기에서는 목적의식이 있어야 한다. 목적의식이 없는 만남은 그냥 스쳐지나가는 관계에 지나지 않기 때문이다. 하지만 지나치게 조급한 목적의식은 오히려 바른 인맥 형성에 걸림돌이 될 뿐이다. 따라서 마음으로 다가서는 것은 비록 시간이 더 걸릴지언정 더 굳건한 인맥을 형성하는 방법이 된다. 지름길은 아니지만 탄탄대로가 되는 셈이다.

또 하나, 인맥 만들기에 나서라고 하면 대부분의 사람들은 경제적인 부담을 먼저 걱정한다. 사실 사람을 만나는

데 얼마간의 돈이 필요한 것은 사실이다. 특히 저녁에 술자리라도 하게 되면 아무래도 점심때보다는 더 많은 경비가 소요되고 술자리가 길어지면 차가 끊겨 택시를 타야 하는 경우도 생길지 모른다. '요즘 같은 불황기에 돈을 아껴 써도 모자랄 판에 괜히 사람만난다고 돈을 축내면 안 되지' 하는 생각에 사람만나기를 꺼려하는 것은 기우에 불과하다.

경제적인 부담에 대해서

꼭 돈이 있어야 사람을 만날 수 있는 것은 아니다. 가까운 거리에 있는 지인이라면 점심을 같이 먹을 수도 있다. 이때 굳이 좋은 음식점에서 먹지 말고 구내식당을 이용하는 것도 한 방법이다. 구내식당이 없다면 근처의 백반집에서 된장찌개를 먹고 자판기 커피를 뽑아 마셔도 좋다.

필자도 회사 근처의 식당에서 밥을 먹은 후 까페에서 4,000원짜리 커피를 마시기보다는 SK주유소 앞의 간이테이블에서 300원짜리 자판기 커피를 뽑아 마시거나 500원짜리 아이스크림을 먹는 것을 선호하는 편이다.

저녁에도 마찬가지다. 가볍게 생맥주를 한 잔씩 마셔도

좋은 일이다.

중요한 것은 같은 공간에서 같이 시간을 보내는 것이지, 좋은 음식을 먹는 것이 아니기 때문이다. 꼭 고급식당에서 밥을 먹고 분위기 좋은 카페에서 커피를 마시는 것이 좋은 인맥을 만드는 필수요소는 아니다.

좋은 인맥을 만들기 위해서는 많은 시간을 투자해야 하기 때문에 가족에게 소홀할지도 모른다는 걱정도 있다. 하지만 이것도 충분히 극복할 수 있다.

어린이날 같은 경우 평소 친하게 지내는 동년배들과 어울린다면 어른은 어른대로 시간을 보낼 수 있고 아이들은 아이들대로 시간을 보낼 수 있다. 아울러 배우자들끼리도 좋은 시간을 보낼 수 있을 것이다. 실제로 훌륭한 인맥을 가진 사람들은 가족에게도 자상한 모습을 보인다.

필자의 아들이 초등학교를 다니던 몇 해 전까지는 어린이날이 되면 대학동창들과 함께 학교에서 가족모임을 가지곤 했었다. 마침 필자의 모교 개교기념일이 어린이날과 겹친 관계로 항상 축제기간중이었고 그래서 교내 분위기도 여러 가지 행사로 인해서 달아올라 있었다.

필자는 친구의 자녀들을 위해서 조그만 선물을 준비했

고 특히 어린 아이들을 위해서는 간단한 마술을 보여주기도
했다. 이런 행사가 몇 해 반복되자 친구들과 부인들과 아이
들이 모두 그 날을 기다리게 되었다. 이제는 고등학생이 되
어버린 아들이기에 더 이상 학교에 가지 않지만 그래도 그
때의 기억들은 모두 좋은 추억으로 남아있다.

자한(子꾸)의 진정한 보배

송나라의 한 백성이 귀한 옥돌을 손에 넣게 되자 대부 자한에게 헌상
했다. 그러나 자한은 받지 않았다.
헌상한 이가 말했다.
"이런 귀한 물건은 나리와 같은 군자들이나 사용하는 것이지 저 같이
천한 백성이 지닐 물건이 아닙니다."
자한이 대답했다.
"나는 그리 생각지 않네. 그대는 이 옥돌을 보배로 여기지만 나는 이
것을 받지 않음을 비로소 보배로 여긴다네." 〈韓非子〉

감사함을
표하는 데 인색하지 마라

　세상이 삭막해져서인지 아니면 개인주의적 경향이 심해져서인지 고마움을 표하는 방법이 참으로 서투르기만 하다. 그래서 타인으로부터 선물이나 호의를 받고도 고마움을 표하지 않고 지나치는 경우가 많다. 하지만 인맥관리를 위해서 이런 결례는 꼭 짚고 넘어가야 할 문제다.

　이렇게 결례를 저지르는 이유는 첫 번째로 그 선물이나 호의가 하찮은 경우이다. 하지만 본인에게는 하찮은 것일지라도 보내는 사람 입장에서는 큰마음 먹고 주는 경우도 있다. 아무리 하찮아도 무조건 감사함을 표시해야 한다.

두 번째는 저 사람이 나에게 선물을 주는 것이 당연하
다는 생각에서다. 비록 그렇더라도 일단은 고마움을 표하는
것이 사람으로서의 도리다.

단도직입적으로 얘기해서 누군가에게 무엇을 받으면
꼭 그 고마움을 표시해야 한다. 그 물건이 값나가는 것이든
그렇지 않든 보내는 사람의 성의를 생각해서 꼭 예의를 표
해야 한다. 사실 물건을 보낸 사람은 이 물건이 잘 도착했는
지 아니면 중간에 분실사고라도 났는지 알 도리가 없다. 그
러할 때 잘 받았다는 전화 한 통화는 오히려 선물을 보낸 사
람을 감동하게 만든다. 무엇이든 상관없다. 받았으면 당연
히 받았다고 전화를 하고 감사함을 표해야 한다.

물건을 보냈는데 제대로 받았다는 전화 한 통화 오지
않으면 보낸 사람은 극단적으로 '아, 내가 쓸데없는 짓을 했
구나' 하고 생각할 수도 있다. 또한 선물을 보내거나 받더라
도 그 선물이 행여 뇌물로 비쳐져서는 곤란하다.

필자의 지점장 시절 필자가 속해있는 지점의 여직원이
집으로 명절선물을 보내왔다. 그 다음날 필자는 그 선물을
여직원에게 돌려주면서 "마음만 받겠다"고 이야기했다.

그리고 이런 말을 덧붙였다. "당신의 직속상사가 나인
데 내가 선물을 받으면 뇌물이 될 수도 있다. 당신이 정 선물

을 보내고 싶으면 내가 지점장을 떠나고 나서 그 때 달라. 그 때는 감사하는 마음으로 받겠다."

유감스럽게도 필자가 지점장을 떠난 이후에는 선물이 오지 않았다.

이러한 이유로 필자는 필자의 자녀가 다니는 학교의 선생님에게 선물을 줄 때에도 학기초나 학기 중에 주지 않고 학년이 끝난 다음에 드린다. 선생님의 입장에서도 학년이 끝난 다음에 선물을 받으면 더욱 더 고마워한다.

필자의 《나의 꿈 10억 만들기》란 책이 공전의 베스트셀러가 되면서 이 책을 동료 지점장들과 임원, 부서장들에게 보낸 적이 있었다. 하지만 유감스럽게도 잘 받았다고 전화한 사람보다는 전화하지 않는 사람들이 더 많았다. 이 때 필자는 부덕의 소치라는 말을 실감했다.

노정치인의 배려

필자의 고객이기도 한 전직 국회의원 이회장은 칠순이 넘은 나이에도 정정함을 자랑하시는 분이다. 필자는 명절마다 이 분에게 가평 잣을 선물로 보내는데 사실 금액이라고 해보았자 3만 원대에 불과한, 그야말로 그 분 입장에서 보면 미약한 선물이다. 하지만 이 분은 꼭 전화를 해서 "김지점장, 잘 받았어요, 고마워요" 하며 감사함을 표한다. 그것도 그냥 감사하다는 말투가 아니라 진정으로 고맙다는 것을 필자가 느끼도록 감정을 실어서 이야기한다. 그러면 필자가 오히려 황송한 마음이 되어 "아닙니다, 회장님. 선물이 너무 초라해서 부끄럽습니다" 하고 인사를 한다.

물론 정치인 출신이어서 이런 표현에 익숙하다고 폄하할 수도 있겠지만 그래도 이런 전화를 받으면 하루 종일 기분이 좋다. 이렇게 매사를 감사하는 마음으로 살아간다면 주는 사람도 기분이 좋고 받는 사람도 기분이 좋다. 서로가 좋은 감정을 계속 유지할 수 있기 때문에 좋은 인맥은 오랫동안 지속될 수밖에 없다.

인맥이란 조그만 것에도 고마움을 표시할 줄 알고 그 고마움을 마음속에 간직하는 것이다. 그런 따스한 마음을 가진 사람이라면 인맥관리에도 분명 사람의 향기가 날 것이다.

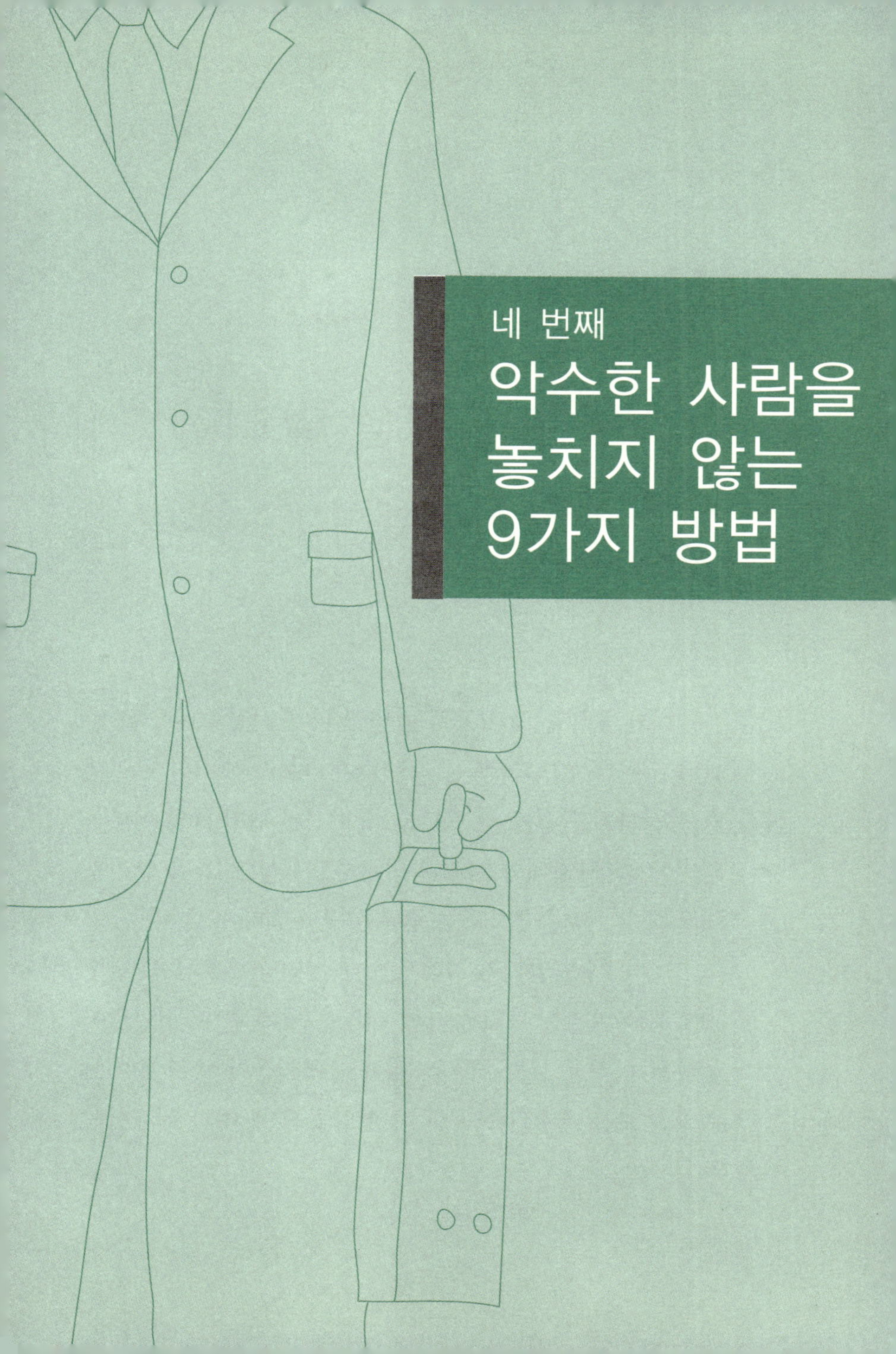
네 번째
악수한 사람을
놓치지 않는
9가지 방법

나의 이름을 알려라

내가 좋은 인맥을 원하는 만큼 다른 사람들도 좋은 인맥을 원한다. 그래서 다른 사람들이 '나'라는 사람과 인맥을 형성하기를 원할 수 있도록 나 자신이 먼저 나의 이름을 알려야 한다. 사내와 사외를 막론하고 나의 이름을 알리는 것은 좋은 인맥을 관리하는 좋은 바탕이 된다.

먼저, 나를 알리기 위해서는 내 첫인상이 호감을 줄 수 있도록 이미지를 관리하는 데 신경을 써야 한다. 첫인상이 좋아서 이익을 보는 경우는 많아도 첫인상이 좋지 않아서 이익을 보는 경우란 드물다. 첫인상을 좋게 하기 위해서는 평소에 온화한 미소를 짓는다거나 밝은 표정을 짓는 연습도 필요하고 이러한 것을 나의 이미지로 고착화시켜야 한다.

품위 있는 첫인상과 더불어 강력한 임팩트도 필요하다. 특히 많은 사람들과 명함을 교환하는 자리에서는 평범한 멘트보다는 뭔가 강렬한 인상을 심어주는 멘트가 좋다. '김대중입니다' 가 아니라 '전(前)대통령과 한자까지 똑같은 김대중입니다' 라는 식으로 상대방의 뇌리에 자신이 깊이 각인되도록 적당한 멘트를 평소에 만들어 두자.

특히 나이가 들수록, 그리고 직위가 올라갈수록 더욱더 이미지에 신경을 써야 하는데 어설프게 자신의 이미지가 굳어져 버리면 나중에는 그 이미지를 바꾸기가 무척 힘들기 때문이다. 자신이 남들에게 어떻게 평가받기를 원하는지를 생각해보고 그러한 이미지가 형성되도록 평소 이미지 메이킹을 해 나가야 한다.

먼저 사내에서 이름을 알리려면 현재 속하고 있는 그 부서와 업무에서 두각을 나타낼 수 있어야 한다. '우리 회사의 세무업무는 유대리가 제일 많이 안다', '마케팅 회의를 하는데 최과장이 빠져선 안 되지' 하는 이런 평가를 들을 수 있어야 한다. 일단 자신이 맡은 일에 일가견을 가지게 되면 사내의 평가도 우호적이 되고 이름도 알릴 수 있다.

캠페인을 활용하라

이 외에도 회사에서 실시하는 캠페인에 우수한 성적을 올리는 것도 좋은 방법이다. 이 방법은 회사의 많은 사람들에게 주목을 받기 때문에 그 파급효과가 굉장히 크다.

또한 사내에서 벌어지는 각종 모임에도 적극적으로 참석하는 것이 좋다. 봉사활동이나 야유회, 체육대회, 대동제 같은 이벤트에 참석하면 평소에는 말을 붙이기도 어려웠던 임원들과도 쉽게 말문이 트여지기도 한다. 사내의 실력자와 친분을 가질 수 있는 좋은 기회로 이런 모임은 활용하는 것이 바람직하다.

사외에서 이름을 알리려면 역시 매스컴을 타는 것이 좋다. 매스컴을 타기 위해서는 물론 전문가의 지위는 확보해두어야 한다. 매스컴의 특성상 그 분야의 1인자가 아니면 초대하지도, 인터뷰를 요청하지도 않는다.

이러한 대중매체에 이름이 오르내리면 자연히 유명세

를 치르게 된다. 이 때 조심해야 할 것은 사외에서 유명해진 사람을 시기하고 모함하는 사람이 생길 수도 있다는 것이다. 남 잘 되는 꼴을 보지 못하는 무능한 사람들이 대부분이지만 그래도 이런 사람들이 생긴다는 것은 유쾌하지 못한 일이다.

이 사람들을 무시하자니 괜히 적을 만드는 것 같고 뒤에서 험담을 하기 때문에 누군지 잘 알 수도 없으며 이해를 시키려고 해도 제대로 이해할 사람들이 아니다. 이러한 때에는 상대가 누군지 먼저 파악해서 자신의 일과 연결된 부분에 대해서는 적극적으로 접촉하여 설득할 수밖에 없다.

경사는 빠져도 조사는 꼭 챙겨라

봄가을이 되면 여러 군데에서 청첩장을 받게 된다. 가능하면 모두 가 보는 것이 좋지만 여의치 않으면 축의금만으로도 괜찮다. 결혼식이 대부분 주말 오후에 몰려있다 보니 혹 가지 못하더라도 이해해 준다. 또한 결혼하는 당사자들은 결혼식이 있는 그 날은 누가 왔다갔는지 경황이 없다. 식이 모두 끝나고 방명록이나 부조함을 보면서 '아~ 누가 왔다 갔구나', 혹은 '아, 누가 얼마를 부조했구나' 하고 알 뿐이다.

축의금대신 기억에 남을만한 선물을 보내는 것도 좋은

방법이다. 사실 축의금을 결혼식장에서 내면 결혼을 하는 당사자들의 부모가 챙기기(?) 때문에 본인이 직접 받는 것을 선호하는 신랑, 신부들도 있다. 이럴 때 돈을 직접 주는 것은 좀 멋쩍지만 분위기에 맞는 선물을 사 주면 당사자들은 한결 좋아할 것이다.

필자의 경우에도 같이 근무한 업무팀장이 시집을 갈 때 무드수족관을 사준 적이 있었는데 몹시 좋아했던 기억이 난다.

요즘에는 결혼을 하고도 아이를 빨리 가지지 않는 경향이 많다. 이럴 때는 콘돔을 사 주는 것도 한 방법이다. 요즘에야 할인매장에서도 콘돔을 팔지만 예전의 신혼부부들은 콘돔을 사는 것이 참 고역이었다. 수줍음을 많이 타는 사람이라면 "콘돔 주세요"란 말을 못하고 비슷한 이름의 감기약만 사는 경우도 있었다.

조금 더 생각한다면 그냥 콘돔보다 무지개색 콘돔을 사 주면서 '월요일엔 빨간색, 화요일엔 주황색……이렇게 사용하세요' 하고 조그만 메모를 남긴다면 포복절도할 일이다. 야광콘돔, 울퉁불퉁 콘돔 등도 고려대상이다.

그냥 신혼부부의 집들이라고 세제나 화장지를 사 주게 되면 처치곤란이다. 아무도 세제 사온 사람을 기억하지 않는다. 하지만 콘돔을 사준 사람은 밤마다(?) 생각날 것이다.

조사는 꼭 참석하라

경사는 축하해주러 오는 사람이 많아서 참석하지 않아도 무방하지만 조사는 꼭 참석해야 한다. 조사는 최소한 3일 정도의 시간을 두고 진행된다. 정해진 시간에 참석할 수 없는 일은 생길 수 있지만 3일이라는 기간동안 짬을 못 내는 것은 결례일 수 있다. 그리고 경사는 웃으면서 보내는 시간이라 금방 지나가지만, 조사는 침통한 마음으로 보내는 시간이기 때문에 이럴 때 같이 있어준 것만으로도 큰 힘이 된다.

가능하면 오래 앉아 있다 오는 것도 좋다. 조사라고 참석해서 얼굴만 슬쩍 내밀고 돌아서지 말고 가능하면 자리를 차지하고 있는 것이 낫다. 특히 조문객이 별로 없어서 상가집이 썰렁할 때는 더욱 그러하다.

상가집에서는 제2의 인맥이 형성되는 경우가 많다. 상가집에 앉아 있다보면 상주의 지인들이 오게 되고 합석을 하게 되면 명함을 교환하게 된다. 상주의 입장에서는 모두

가 상주와는 친한 사람들이기 때문에 서로 소개시켜 주기도 한다.

이렇게 뚜렷한 목적 없이 몇 시간을 같이 있다 보면 이런 얘기 저런 얘기를 기탄없이 할 수 있는 기회가 되고 이런 대화를 통해서 쉽게 가까워질 수 있다. 상가집을 찾는다는 것은 상주를 위로하러 가는 자리이기도 하지만 상주의 인맥을 나의 인맥과 연결할 수 있는 좋은 계기가 되기도 한다.

결혼식장에서 축의금을 낼 때, 상갓집에서 조의금을 낼 때, 대부분의 사람들은 봉투의 앞면에 축 결혼(祝 結婚)이나 부의(賻儀) 등의 글자를 적고 뒷면에는 소속과 이름을 적어서 내는 경우가 많다. 이 때 조그만 성의를 더 보인다면 봉투 안의 돈을 깨끗한 종이로 싸서 그 다음에 봉투에 집어넣는 것이 좋다.

또한 종이에는 '일금 5만원 결혼 축하드립니다' 혹은 '일금 10만원 삼가 조의를 표합니다' 등의 글을 적어서 넣으면 더욱 좋다.

이 때 주의할 것은 종이가 접히는 부분에 글자가 있으면 안 된다는 점이다. 미리 종이가 접힐 부분을 피해서 글을 쓰는 배려가 필요하다. 또한 가급적이면 결혼식장에는 새

돈을, 장례식장에는 헌 돈을 준비하는 것도 작은 노하우다.

* 점선 : 종이가 접히는 부분

신문의 부음란과 인사란을 챙기자

조사에 빠지지 않기 위해서는 신문의 부음을 꼭 챙겨 보도록 한다. 물론 연락이 오는 경우도 있지만 연락이 오지 않은 경우라도 신문의 부음만 제대로 체크한다면 실수하지 않는다. 실제로 인맥이 넓은 사람들의 공통점 중 하나는 매일 아침 신문을 볼 때 부음란을 빼놓지 않는다는 점이다.

몇 해 전 필자의 빙부상때 미처 연락하지 못한 군대전우들이 수원의 아주대학교 병원으로 조문을 와주었다. 전우 중의 한 친구가 아침 신문에 난 부음란을 보고 나머지 전우들에게 연락해서 같이 온 것이다. 경황이 없는 와중에 그렇게 먼저 알고 찾아와주니 무척 고마웠었다.

비슷한 예로 연락이 끊긴 거래처 과장의 부음을 신문에서 보고 신촌세브란스 병원으로 조문을 갔었는데 무척 고마워하였던 기억이 난다. 사람이 상을 당하면 아무래도 마음이 약해진다. 이러할 때 위로를 받을 수 있고 위로해줄 수 있다면 분명 나중에 큰 인맥으로 발전할 것이다.

부음란을 보면 좋은 것이 가족관계가 모두 파악된다는 점이다. 실제 예를 한 번 들어보도록 하자.

최고봉 씨(전 OO병원장) 별세, 일식(최소아과의원 원장)·이식 씨(OO의원 원장) 부친상, 박구일(OO대학교수)·채경식 씨(OO자동차 차장) 빙부상＝25일 오후 4시15분, OO병원 발인, 27일 장지＝경기도 화성군 남양면 오전 6시30분 (02)123-4567

위의 예는 신문에서 자주 볼 수 있는 문장이다. 이 문장을 자세히 들여다보면 최고봉 씨에게는 아들이 두 명이 있고 그 아들의 이름은 최일식과 최이식임을 알 수 있다. 그리고 두 아들의 직업 또한 의사임을 알 수 있다.

또한 출가한 두 딸이 있으며 사위의 이름은 박구일과 채경식이며 큰사위는 교수, 둘째사위는 제조업에 종사하는 것을 알 수 있다. 장지가 경기도 화성군 남양면 임을 볼 때 고향이 그 쪽임을 미루어 짐작할 수 있다.

인사란을 챙기자

또한 신문의 경제 면 하단에 보면 인사란이 있다. 주로 각 기업체의 승진이나 이동상황이 올라오는데 이 인사란을 매일 보면서 혹 아는 사람이 나타나면 축하해주어야 한다. 미처 연락도 하지 못했는데 '축하한다' 는 전화를 받게 되면 전화를 받는 입장에서는 '아, 이 사람이 평소에 나한테 무척 관심이 많구나' 하고 느끼게 된다.

형편이 되면 난을 보내주어도 좋고 그렇지 못하면 축전이라도 쳐 주면 좋다. 이렇게 축하를 해준다는 것은 '나는 당신을 늘 지켜보고 있습니다' 라고 얘기하는 것과 같다. 나에게 관심이 있고 날 좋아한다는데 싫어할 사람이 어디 있겠는가?

그래서 거래처는 물론 연관된 부서와 관련된 부분도 더욱 유심히 보아야 한다. 인사란은 간부직원들만 나오기 때문에 사회초년 시절에는 아는 사람이 별로 나오지 않는다.

주로 선배나 거래처의 상사 정도만 알 수 있을 것이다. 하지만 이렇게 인사란 보는 것을 생활화한다면 분명히 다른 사람들보다 훨씬 나은 인맥을 구축할 수 있을 것이다.

신문과 더불어 인터넷의 활용도 염두에 두어야 한다.

인터넷의 발달로 편해진 것이 한 둘이 아니지만 인맥관리에 있어서도 인터넷은 유용하게 사용된다. 단순히 명함만을 교환한 사이라도 그 사람의 이름을 인터넷으로 검색해본다면 그 사람의 이력을 다방면으로 파악할 수 있을 것이다. 인물정보란에 등록되어 있는 사람이라면 1,000원가량의 정보이용료가 들긴 하지만 본관, 출생지, 직업, 병역사항, 종교 등 그 사람에 대한 아주 자세한 정보를 얻을 수 있다.

김대중(金大中) KIM, DEAJUNG

1963년 6월 10일 4시생, 42세
교보증권 신림역지점 영업부 부장

● **기본사항**

성　　별	남
별　　칭	고석(孤石)
본　　관	光山
출 생 지	부산
직　　업	증권인
병역사항	육군 중위제대(학사장교 8기)
직장주소	(151-010) 서울시 관악구 신림동 1424-28 서원프라자 22층
직장전화	02-873-9944
직장팩스	02-873-3405
E-MAIL	koreadj@yahoo.co.kr
개인URL	http://koreadj.hihome.com
본　　적	전남 고흥군 남양면 신흥리 장동
원　　적	전남 고흥군 남양면 신흥리 장동
종　　교	천주교
결혼기념일	1987년 5월 23일
자 녀 수	1남
가　　훈	정직하게 살자
생활신조	부지런하면 굶어죽지 않는다
주　　량	소주반병
특　　기	일본어회화
자격면허	증권투자상담사, 선물거래상담사, FP자격, 워드프로세서1급, 컴퓨터활용능력2급, 운전면허
취　　미	바둑, 컴퓨터게임

상사의 인맥을 내 것으로 만들어라

직장인으로서 가장 중요한 것은 상사를 잘 모시는 것이다. 직장상사란 나보다 더 직장을 다닌 사람으로서 나보다 더 많은 업무지식, 노하우, 인맥 등을 가지고 있는 사람이다. 그래서 상사에게 업무지식을 비롯해서 노하우와 인맥 등 많은 것을 배우려면 심부름꾼의 역할을 기꺼이 자청해야 한다.

물론 자신의 실력을 높이는 것도 게을리해서는 안 된다. 그래서 상사가 자신을 평가할 때 '부려먹기 좋은 부하직원'에서 '없어서는 안 될 유능한 부하직원'으로 판단하도록 해야 한다.

필자의 지론 중의 하나는 자기가 모시는 상사를 '유능한 상사로 모시는 것' 이야말로 부하직원으로서의 최고의 덕목이라는 것이다. 모든 조직이 다 그러하겠지만 직장이야말로 같이 커 나가는 곳이기 때문이다. 내가 모시던 상사가 좀 더 높은 자리로 승진되고 점차 회사의 핵심인력으로 다가서면 나도 자연히 그 핵심에 점점 더 다가서는 것이 된다.

하지만 내가 모시는 상사가 좌천이라도 당하게 된다면 그만큼 나의 인맥은 점점 엷어지게 된다. 회사라는 조직이 단지 몇 십 명만이 존재하는 조직이라면 서로가 서로에 대해서 잘 알 수 있겠지만 몇 백 명의 규모가 넘어서게 되면 서로에 대해서 잘 모르는 조직원들이 분명히 존재한다. 이럴 때 날 힘있게 이끌어줄 수 있는 사람은 나와 같이 근무했던 상사다. 나에게 호감을 가진 상사는 내가 직장생활을 하는 동안 든든한 우군이 된다.

만약 내가 모시던 상사의 눈 밖에 났다면 그 사람은 그 조직에서 무능자로 낙인찍힐 확률이 크다. 왜냐하면 상사에게는 상사의 그룹이 있고 부하에게는 부하의 그룹이 있기 때문이다. 상사가 상사의 그룹에서 '저 친구 참 유능한 친구야' 하고 인정해주면 상사그룹의 모든 사람들은 모두 그 사람을 유능하다고 인정한다. 그런데 상사가 '저 친구는 내가 데리고 있어 보니까 별로야' 하는 평가를 내린다면 상사그룹의 다른 사람들도 모두 그렇게 인정을 해버린다.

상사의 인맥을 나의 인맥으로

상사에게 인정을 받으면 상사의 인맥을 나의 인맥으로 승계할 수 있는 기회를 가질 수 있다. 상사를 잘 모시지 않으면서 상사의 인맥을 승계받기란 불가능하다. 물론 이러한 인맥의 승계는 자신의 노력이 가장 필요하겠지만 상사의 인맥을 승계할 수 있다면 인맥의 엄청난 확장이 가능해진다.

그래서 직장인으로서 최고의 덕목은 무조건 내가 모시는 상사에게 충성하는 것이다. 만일 그 상사가 인간적으로 도저히 충성을 다 바칠 존재가 아니라면 그 부서에서 빨리 탈출하는 방법을 고려해야 할 것이다.

D증권의 이팀장은 동안(童顔)의 얼굴에 늘 웃음기가 감도는 얼굴을 하고 다닌다. 이팀장에게는 나름대로의 철칙

이 하나 있는데 상급자의 부탁은 무조건 최대한 공손히 받든다는 것이다. 설령 그 부탁이 공적인 일이 아니라 사적인 일이라도 기꺼운 마음으로 행하였다.

이팀장은 사원 시절 남들보다 2시간 일찍 출근해 각종 경제신문과 일간신문의 주요기사만 모두 복사하여 복사 본을 부장 책상위에 올려놓았다. 부장은 주요 기사는 모두 챙기면서도 신문을 모두 들추어야 하는 수고스러움을 덜 수 있었고 이런 배려를 해주는 이팀장에게 호감을 가지게 되었다. 결국 이팀장은 그룹의 주요인물 자금까지 관리하는 주요 인물로 떠오를 수 있었다.

효율적인 시간관리는 인맥관리의 기초

효율적인 시간관리에 있어서 여러 방면의 사람들과 교제를 가지는 것도 중요하다. 직장동료와의 술자리는 빈번하게 가지면서도 학교 동창과의 술자리는 망년회가 고작인 사람이 되어서는 곤란하다.

나와 가까이 있는 사람부터 시작해서 늘 잊을 만 하면 연락하고 만나는 관계가 되어야 하는 것이다. 그저 내 눈에 잘 띈다고 그 사람하고만 연락한다면 효율적이고 총괄적인 인맥관리는 요원하다.

전화를 이용하는 것도 한 방법이다. 많은 인맥을 가지

고 있는 사람이라도 일일이 그 많은 사람을 모두 만날 수는 없는 노릇이다. 이럴 때 전화는 가장 강력한 도구가 된다.

호주가(好酒家)인 현직 증권사 지점장인 장씨는 고객과의 술자리가 있었던 다음날 오전이면 꼭 전화를 해서 안부를 묻곤 한다. '어제 잘 들어가셨습니까? 덕분에 아주 재미난 시간 보냈습니다' 이런 안부전화를 받은 고객은 어제의 접대와 오늘의 전화에 장지점장에 대한 느낌이 좋을 수밖에 없다.

'어제 술 마시면서 실컷 얘기 했을 텐데 무슨 할 얘기가 남아서 다음 날 또 전화를 하나?' 할 수도 있겠지만 장지점장의 이런 자상한 마음은 고객을 감동시키기에 충분하다.

또한 일요일이면 소파가 침대로 변해버리는 사람이 되어서도 안 된다. 일요일은 무조건 쉬는 날이 아니라 생업에서 벗어나 가벼운 마음으로 지내는 날이라는 생각을 가지자.

가족을 위해서 봉사할 수도 있다. 아내를 위해 쇼핑센터를 따라가 준다든지, 아이와 함께 줄넘기를 한다든지, 친지를 찾아간다든지, 같은 신앙을 가진 사람과 담소를 나눈다든지 할 일은 무궁무진하게 많다. 아내를 위해 쇼핑센터까지 운전해주고 무거운 것을 들어준다면 이는 인맥의 가장 기초가 되는 가족애를 느끼는 것이다.

사람을 만나기 힘든 밤 시간을 활용하는 사람들도 있다. 주로 온라인에서 활동하는 사람들이다. 오프라인에서의 적극적인 행동과 더불어 온라인에서의 적극적인 활동이 겸비된다면 더 없이 좋을 것으로 생각된다.

필자는 인터넷 사이트에서 '10년 10억' 카페를 운영하고 있는 박범영 씨를 만나 이야기를 나눌 기회가 있었는데 이 분은 보통 새벽 2시까지 카페활동을 한다고 한다. 회원수가 35만 명이 넘는 거대한 카페를 운영하는 이러한 노력은 결국 박씨의 인맥으로 발전할 것이며 이런 적극적인 활동은 그의 전 생애에 걸쳐 좋은 밑거름이 될 것으로 믿는다.

빠져나갈 구멍은 만들어줘라

서로가 서로에 대해서 어느 정도 알고 또 가벼운 부탁 정도는 들어줄 수 있어야지만 인맥으로 발전할 수 있다. 서툰 부탁은 '저 사람을 그렇게 보지 않았는데 날 이용하려고 드는구나' 하는 오해를 불러일으킬 수도 있다. 이런 오해가 일어난다면 그 관계는 지속되기 힘들다.

그래서 부탁을 할 때에는 선택권을 부여하는 배려가 필요하다. 부탁을 들어주면 좋겠지만 부탁을 못 들어주더라도 상대방이 미안함이나 불쾌함을 가지지 않게 하기 위해서다.

보험회사에 다니는 천씨는 회사에서 '자동차보험 캠페인'을 벌일 때 아는 지인들에게 보험에 가입해달라고 부탁하였다. 무조건 가입해달라는 것이 아니라 '어차피 만기가 될 텐데 그 때 가능하면 자신이 다니는 회사를 이용해달라'고 부탁하고 만기가 다가오면 자동차보험의 견적을 우편으로 보냈다.

편지에는 견적요금뿐만 아니라 보험에 가입할 경우 받게 될 기념품에 대해서도 설명하고 본인에게 가입을 해 주면 큰 도움이 될 것이라는 당부도 잊지 않았다. 그가 전화를 하지 않고 우편으로 보낸 이유는 혹시라도 상대방이 불편해할까봐 배려를 한 것이다. 이런 천씨의 배려덕분에 많은 사람들이 가입을 했고 천씨는 우수한 캠페인 실적을 올릴 수 있었다.

모임을 주선하는 사람이 되어라

2002년도의 대통령 선거 과정에서 부각된 사람 중 한 명이 정동영 씨다. 정씨는 당시 민주당의 대통령선거 후보 선출과정에서 중간에 음모가 있다며 흙탕물을 일으킨 이씨와 달리 끝까지 '경선지킴이'를 자처하였다.

패배가 뻔한 그 상황에서 지킴이의 역할을 충실히 한 그에게 많은 국민들은 호감을 느끼게 되었고 이런 호감은 정치인인 그에게 든든한 자산이 되었음은 물론이다.

자신에게 별로 도움이 되지 않음에도 불구하고 어느 모임이든지 간에 꼭 '지킴이'는 있게 마련이다. 그리고 이런 지킴이가 있기에 그 모임은 계속 유지될 수 있다. 무슨 큰 대가를 바라는 것은 아니지만 그렇게 지킴이의 역할을 충실히 하노라면 회원들의 인맥을 관리하는 부가적인 효과를 얻게 된다. 그래서 가능하다면 모임의 주선자가 되도록 노력해야 한다.

모임을 주선한 사람과 그저 모임에 참석하는 사람은 천지차이다. 모임을 주선하는 사람은 그 모임을 알리기 위해 전화는 물론 문자도 날릴 것이며 메일도 보낼 것이다.

이런 연락으로 인해 모임의 참석자들은 주선자와 모두 격의 없는 사이가 된다. 하지만 단순히 참석만 한 사람은 그저 얼굴 쳐다보고 악수하고 이야기를 나누다 헤어질 뿐이다.

참석자들의 모든 정보를 모두 가지고 있는 주선자, 오랜만이라며 명함을 교환하는 참석자, 어느 쪽이 더 인맥관리에 성공할지는 명약관화하다.

또한 모임이 있을 때에는 30분 정도는 일찍 가는 것이 좋다. 일찍 가서 사람들을 기다리며 오는 사람과 악수하고 인사를 나누는 것도 인맥을 넓히는 하나의 노하우가 된다. 가급적이면 2차도 참석한다. 1차에서는 일반적인 이야기들

이 많이 거론되지만 2차에서는 구체적이고 솔직한 이야기
들이 많이 나오기 때문이다.

필자도 '지킴이' 다

필자는 고려대학교 통계학과 82학번 출신이다. 당시
104명이 입학을 하였는데 그 동안 먼저 세상을 떠난 친구,
외국에 나가있는 친구, 연락이 끊긴 친구를 제외하고 70여
명의 이메일과 핸드폰을 확보하고 있다.

1년에 봄, 가을 두 번의 동창회를 하는데 어떤 때는 30
여 명이 넘게 나오기도 하고 또 어떤 때는 10명이 채 나오지
않기도 한다. 하지만 지난 번에 나오지 않았던 친구가 이번
엔 나오기도 하고 몇 년 만에 나오는 친구도 있고 해서 늘 동
창회는 반가움 속에 진행이 된다.

이 친구들에게 모두 연락하는 것이 무척 번거롭기도 하
지만 이런 지킴이 역할을 꾸준히 하다 보니 자연스레 필자
는 모임의 중심에 있다. 그래서 대학을 졸업한 지 20년이 다
되어가는 지금도 핸드폰은 수시로 울린다. 필자를 찾는 전
화도 많지만 더 많은 내용은 "어, 대중아. 나 영훈이야. 잘

지내지? 그런데 너 원석이 전화번호 아냐?"는 식의 전화다.

어떤 동기가 교통사고가 나면 화재보험회사 다니는 친구에게 연락해 조치를 취해주기도 하고 사업하는 친구에게는 공인회계사인 동기의 전화번호를 가르쳐 주기도 한다.

그리고 대학의 총동문회에서도 연락이 와서 자연히 총동문회와도 인맥이 닿아있다. 학교와도 자주 연락이 되니 모교의 교수님들 근황까지도 모두 파악하여 동기들에게 알려주곤 한다. 그래서 필자는 자칭 타칭 종신회장의 감투를 쓰고 있지만 아무도 장기독재라며 항의하는 친구가 없다. 모두들 필자를 모임의 중심축으로 인정하고 있기 때문이다.

키맨을 파악하라

육중한 철문을 키로 열면 쉽게 열 수 있지만 힘으로 열려고 하면 아마 힘들 것이다. 만약 나에게 문을 열 수 있는 키가 있다면 쉽게 문을 열고 들어갈 수 있지만, 키가 없는 경우에는 누가 그 키를 가지고 있는지 찾아야 한다.

이렇게 키를 가지고 있는 사람을 '키맨'이라 한다. 이러한 '키맨'을 파악함으로써 좀 더 효율적으로 인맥을 넓혀 나갈 수 있다. 특히 인맥의 폭이 좁은 사람이라면 바로 이러한 키맨과의 돈독한 인맥으로 많은 것을 보완할 수 있다.

키맨을 파악하기 위해서는 가능한 한 다양한 모임에 참석해보는 것이 좋다. 그러한 모임에서 나누는 명함이 곧 인맥으로 연결은 되지 않겠지만 인맥의 단서가 될 수 있기 때문이다.

명함을 교환하면서 지인의 범위를 더 넓히게 되고 그 속에서 키맨을 파악할 수 있을 것이다. 그래서 지금 당장 나의 비즈니스를 위한 모임보다는 나의 미래, 나의 취미, 나의 특기를 중심으로 한 다양한 모임에 참석하는 것이 훨씬 낫다.

또한 나 스스로가 키맨이 되도록 노력해야 한다. 현재 나의 전공분야에서 전문가로 인정을 받게 되면 자연스레 키맨으로 승격될 수 있다.

전문가로 인정을 받기 위해서는 남들이 시도하지 않는 여러 가지 시도도 한 번 해 보아야 한다. 보험회사의 판매 왕들의 노하우를 들여다보면 남들이 하지 않는 색다른 마케팅을 시도한 사람이 많다. 그렇게 남들이 가지 않은 길을 가는 사람이라면 키맨으로서 충분한 자격이 있는 사람일 것이다.

동창들의 활용

　자신의 전공과 관련된 부분은 넓은 인맥을 가지고 있어도 다방면에 걸쳐서 넓은 인맥을 가지기란 힘들다. 이 때 가장 먼저 생각할 수 있는 것이 같은 과 친구들이다. 하지만 이들은 모두 같은 전공을 공부한 관계로 일하는 곳도 비슷비슷한 경우가 많다.

　필자의 경우도 대학 동창회에 나가면 금융업종에 종사하는 친구들이 절반이 넘는다. 특히 증권회사에 근무하는 친구들이 많아서 얘기하다보면 자연스레 공장(?)얘기만 하는 경우도 있다. 그래서 타 업종에 종사하는 친구들의 원성을 사기도 한다.

　이런 경우에는 고등학교 친구가 가장 빛을 발한다. 고등학교 친구들이란 그 후의 성장이 모두 제 각각이어서 사회 각 방면에 뿌리를 내리고 있는 경우가 많다. 직장인도 있고 자영업자도 있으며 성직자도 있다. 심지어는 술집을 운영하는 사람도 있을 수 있고 정부의 주요 정보기관에 근무하는 사람도 있을 수 있다. 그래서 다양한 방면의 친구들을 접할 수 있는 고등학교 동창회에 나갈 것을 적극 추천한다.

눈에서 멀어지면 마음에서도 멀어진다

인맥을 넓히기 위해서는 다른 무엇보다도 접촉이 중요하다. 일단 만나야 한다. 직접 만나지 않고 사무실에만 있는다고 인맥이 넓혀지는 것은 결코 아니다.

그리고 이왕이면 밝은 표정으로 사람들을 만나는 것이 좋다. '웃는 얼굴에 침 못 뱉는다'는 속담도 있지만 유난히 웃음에 인색한 우리나라 사람들이기에 밝은 표정이 훨씬 좋은 점수를 얻는다. 이렇게 밝고 명랑하게 다니면 보는 사람도 같이 밝고 명랑해진다.

물론 업무상 찾아오는 사람들이 많은 위치에 있는 경우

라면 사무실에만 앉아있어도 인맥을 넓힐 수 있는 기회가 생길 수도 있을 것이다. 하지만 이 경우의 인맥은 능동적인 인맥확장이 아니라 수동적인 인맥확장으로 끝날 확률이 크다. 그리고 찾아오는 사람으로 국한되는 한계성도 지니게 된다.

이에 반해서 내가 찾아가는 인맥은 좀 더 적극적인 인맥확장이 되어 찾아가는 사람 이외의 그 주변 인물까지 인맥이 넓어진다. 찾아가는 사람의 바로 옆에 있는 사람과 통성명을 나눌 수도 있다. 만일 다음에 전화했을 때 찾는 사람이 자리에 없어 지난번에 통성명 한 사람이 전화를 받는다면 훨씬 자연스럽고 반갑게 인사를 나눌 수도 있을 것이다. 또한 방문대상자가 자연스럽게 소개시켜주는 그 조직의 사람들과도 인사를 나누게 되어 인맥이 확장될 가능성이 높다.

P보험회사에 다니는 김씨는 꼭 보험계약이 아니더라도 늘 친구들 사무실을 방문하곤 한다. 그 친구 중에는 집안에 가까운 사람이 보험모집인으로 근무하고 있는 사람도 있다. 따라서 이 사람이 김씨에게 보험 가입할 여지는 거의 없다.

하지만 김씨는 고등학교 친구, 대학교 친구, 군대 동기들을 계약 유무와 관계없이 정례적으로 방문한다. 한 번 두 번 계속 방문하다 보니 친구의 사무실에 같이 근무하는 직원들도 김씨의 존재를 모두 알게 되었고 보험 가입해야 할 일이 생기면 자연스레 김씨에게 연락을 하곤 했다.

김씨가 단순히 보험계약만을 노리고 친구들 중에 가능성이 있는 고객만을 골라 방문했다면 아마 이런 부수적인 효과는 거두기가 힘들었을 것이다.

좁은 시야로 인맥을 활용하려고 덤벼들기 보다는 좀 더 넓은 시각으로 앞을 내다보았기에 김씨는 유능한 보험설계사로 자리매김할 수 있었다.

자연스럽게 인사말을 건네라

인맥을 만든다는 것은 특정 시점에 특정인을 대상으로 할 수도 있겠지만 언제 어디서나 자연스럽게 형성될 수도 있다.

어느 일본인이 쓴 책을 보니 비행기를 탈 때 이코노미석 말고 퍼스트클래스석을 타라고 한다. 그 이유는 이코노미석을 타면 이코노미석에 탄 사람밖에 만나지 못하지만 퍼스트클래스석에 타면 퍼스트클래스석에 탄 사람을 만날 수 있기 때문이란다. 기회비용이 과다한 관계로 필자도 아직 실행해보지는 못했지만 나름대로 일리 있는 이야기인 것 같다.

하지만 꼭 이렇게 의도된 행동 말고 일상생활에서 자연스럽게 맺어지는 관계도 무시할 수는 없다. 사무실이 있는 건물의 좁은 엘리베이터나 기차 안에서의 가벼운 인사 한마디가 좋은 인맥의 시발이 되는 경우도 많다. 물론 몇 마디 이야기로 끝나버리는 경우도 있지만 의기투합해서 뒤에 큰 힘이 되어주는 경우도 허다하다.

그래서 누구에게나 언제라도 시의적절한 말을 건넬 수 있도록 평소에 대비하는 훈련이 필요하다. 이를 위해서는 최근 뉴스에도 밝아야 하고 사물을 보는 식견도 높아야 한다. 가볍지만 경박스럽지 않고 진지하지만 무겁지 않는 대화를 이끌 수 있다면 상대방에게 좋은 인상을 심어줄 수 있을 것이다.

기차나 비행기를 탔을 때에는 가급적 자연스럽게 이야기를 건네는 것이 좋다. 일단 최초 대면 후 3분 이내에 무슨 말이든 거는 것이 중요하다. 서울에서 부산까지 KTX로 간다고 할 때 서울을 벗어나기 전에 "어디까지 가세요?" 하고 말을 걸어야지, 대전 정도까지 와서 "어디까지 가세요?" 하면 이상한 사람으로 취급받기 일쑤다. 일반적으로 3분 내지 5분 내에 자연스런 대화가 형성되지 못하면 공기가 굳어져 그냥 입을 다물고 부산까지 가기 십상이다.

머리와 꼬리의 갈등

한 마리 뱀이 있었다. 다른 뱀과 마찬가지로 머리 하나와 꼬리 하나를 가지고 있었다.

어느 날 꼬리가 머리에게 말했다. "오늘은 내가 한번 앞장서 볼게." 머리는 "안 될 소리! 지금까지 줄곧 내가 앞장 서 왔는데 오늘 갑자기 네가 앞서겠다니…"라고 말하며 앞서가려 했다. 그러나 꼬리는 나무를 꽁꽁 감고서는 머리가 앞으로 나아가지 못하게 했다. 머리는 하는 수 없이 꼬리가 앞서게 했다.

그러나 어디 생각이나 했으랴! 꼬리는 아궁이 속으로 잘못 들어가 버렸다. 그리고 뱀은 그 속에서 그만 타죽고 말았다. 〈百喩經〉

소개를 받았을 때는 반드시 보고 하라

섭외를 할 때 가장 손쉬운 방법은 누군가에게 소개를 받고 만나는 경우다. 이 방법은 외국계 보험회사가 시도하여 좋은 효과를 냈다.

이 회사에서는 한 명의 계약자가 보험을 계약하면 이 사람에게 보험 가입할 가능성이 높은 몇 사람을 추천해달라고 한다. 이렇게 추천서를 받아서 가능성이 높은 사람을 방문하고 이 사람들에게 다시 추천서를 써 달라고 해서 아주 많은 보험계약을 이끌었다고 한다.

이처럼 누군가의 소개를 받는 경우에는 상대방이 경계

심을 풀고 날 대하기 때문에 그냥 초면인 경우보다 훨씬 분위기가 부드럽게 진행된다. 그래서 누군가와 접촉을 하기 위해서는 가능하면 소개를 받는 것이 현명하다.

다만 소개를 받으면 최대한 빠른 시간 내에 찾아가서 섭외활동을 해야 한다. 아무런 이유 없이 차일피일 미루는 것은 향후 소개해준 사람에게 치명적인 평가를 받게 될 수도 있다.

소개해준 사람은 분명 "이러 이러한 사람이 찾아갈걸세. 그 사람은 나와 이러이러한 관계에 있으니 자네가 잘 좀 보아주게"라고 부탁했을 것이다. 그런데 찾아가지 않게 되면 상대방은 '온다고 한 사람이 왜 안 오지?' 하며 궁금해 한다. 그리고 소개해준 사람에게 "왜 찾아오지 않지?"라고 물어보게 되고 그렇게 되면 소개해준 사람은 '이 사람이 찾아가지도 않을 것을 왜 나에게 소개해 달라고 얘길 한거지? 하며 불쾌해 할 수도 있다. 이렇게 되면 향후 그 사람의 부탁에는 절대 응하지 않을 것이다.

소개를 받게 되면 빠른 시일 내에 찾아 가는 것은 당연하고 연락처가 있다면 그 자리에서 전화를 할 정도의 성의는 가지고 있어야 한다. 또 그 사람을 만난 이후에는 소개해준 사람에게 반드시 보고해야 한다.

'당신이 소개해준 사람을 만났다. 당신 덕분에 아주 분위기가 좋았다. 고맙다' 하는 식의 인사말을 반드시 해주어야 한다. 그래야 소개해준 사람도 이 사람이 만난 것을 알게 되고 궁금증이 해소되는 것이다. 소개를 해준 사람은 일의 진행과정에 대해서 신경을 쓰고 있으므로 여유가 된다면 일의 진행과정도 자세히 설명한다면 더 좋을 것이다.

사실 소개자의 입장에서는 제대로 만났는지, 만나서 무슨 이야기를 했는지, 그리고 행여 만나서 무슨 결례는 저지르지 않았는지 하는 걱정이 생기지 않을 수 없다. 행여 "당신이 소개해주어서 만났는데 그 사람 참 한심하더구만" 하는 소리라도 듣게 되면 낭패를 보게 된다.

이런 걱정과 궁금증을 풀어주기 위해서 전화 한 통이라도 반드시 해 주는 것이 좋다. 이렇게 보고를 받으면 소개한 상대방에게 전화를 걸어 "혹 결례될만한 일을 하지는 않았는가?" 하고 물어볼 것이고 상대방으로부터 "그 친구와의 대화는 참으로 유익했다"라는 대답을 듣는다면 향후 더욱 더 많은 사람을 소개해줄 것이다. 또 그 친구 참 괜찮은 사람이네라는 공감대가 형성이 되면 향후 관련된 일이 있을 때 제일 먼저 떠올리는 인물이 될 것이다.

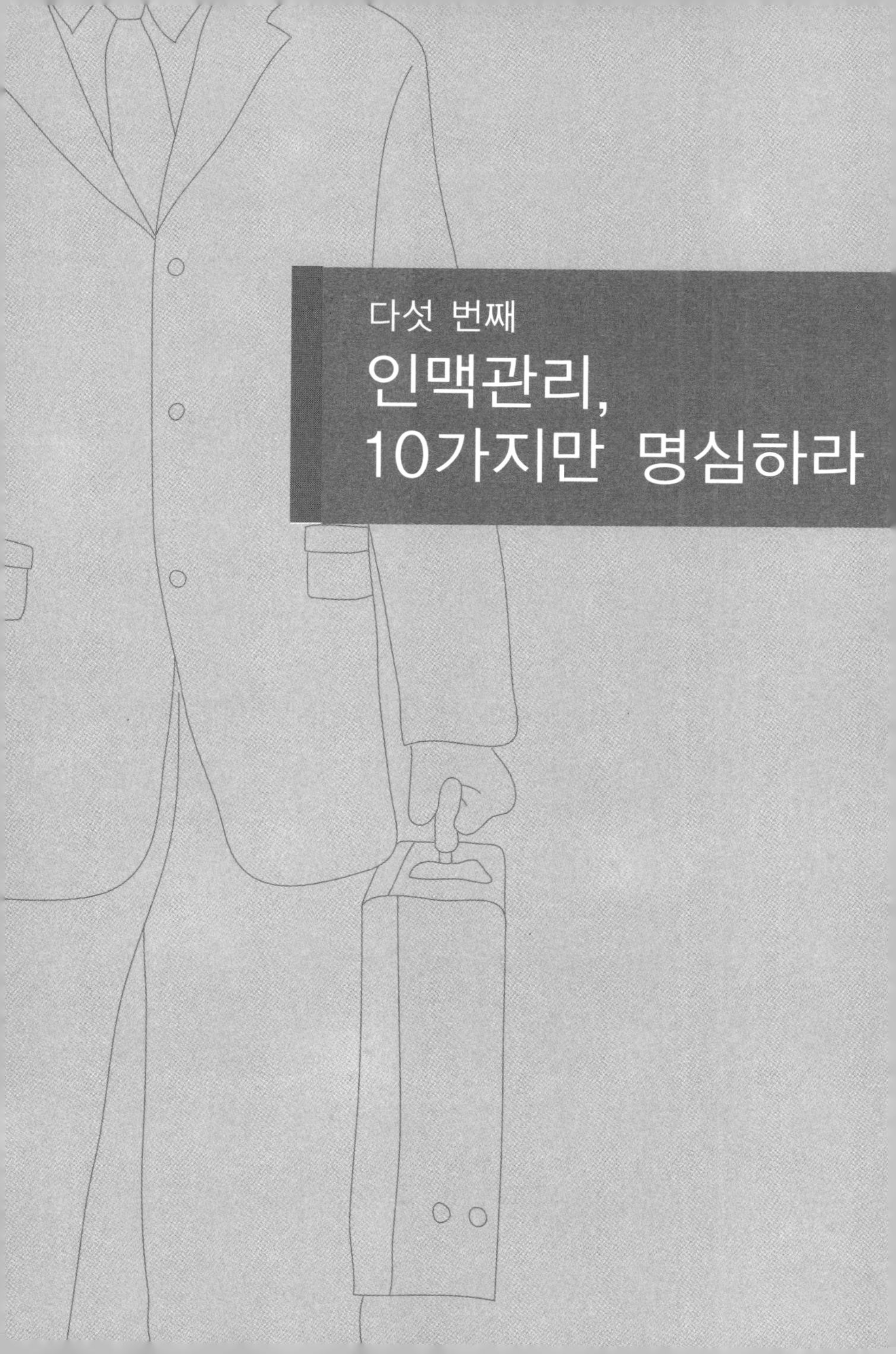

다섯 번째
인맥관리,
10가지만 명심하라

인맥도를 만들어라

인맥을 만들기에 앞서 먼저 자신의 인맥을 살펴보자. 현재 내가 가지고 있는 인맥이 얼마나 되는지, 나와 연이 닿아 있는 지인(知人)들은 또 얼마나 존재하는지 스스로 판단해 보는 것이 필요하다.

이런 판단에 큰 도움이 되는 것이 인맥도이다. 인맥도를 그리는 방법은 자신을 중심에 두고 각각 인맥별로 분류해서 정리하는 방식으로 진행한다.

먼저 그룹을 만든다. 너무 광범위한 그룹으로 만들어도 좋지 않고 너무 세부적으로 만들어도 좋지 않다. 적당히 7~

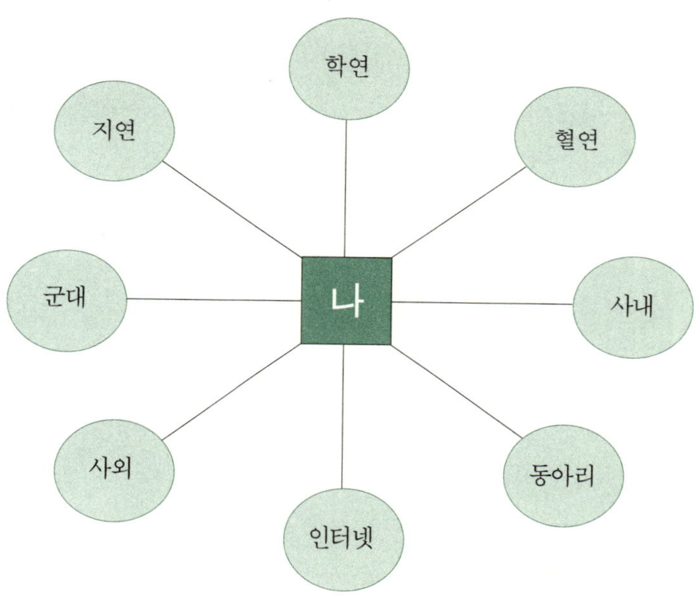

9개 정도의 그룹으로 만든다. 가장 쉽게 생각할 수 있는 인맥은 학연, 지연, 혈연, 군대, 사내, 사외, 동아리, 인터넷 등이다.

이렇게 그룹을 만든 다음 그룹 하나하나마다 다시 소그룹을 만들어 나가면서 자신의 인맥을 살펴본다. 학연은 초등학교, 중학교, 고등학교, 대학교 등으로 구분할 수 있고 지연은 같은 지역, 같은 도시, 같은 동네 등으로 구분할 수 있다.

혈연은 부계, 모계로 구분하고 군대는 상관, 동기, 부하로 구분하며 사내도 상사, 동기, 부하로 구분한다. 사외는 동종업종과 이종업종으로, 동아리는 오프라인과 온라인으로 구분해본다.

영업직원의 경우는 고객들을 하나의 그룹으로 보고 기타에는 분류하기 힘든 그룹을 기록한다. 이런 식으로 하나하나씩 정리해나가다 보면 나의 인맥도가 완성된다.

이렇게 인맥도를 그려보면 나의 인맥이 어디에 집중되어 있는지 파악할 수 있다. 많이 중복되는 부분은 나름대로 내실을 기해야 할 것이고 허술한 인맥 쪽은 보강이 필요한 부분으로 집중해서 키워야 할 것이다.

아이디어 선물을 활용하라

선물을 싫어하는 사람은 없다. 그리고 이 선물은 인맥 관리의 좋은 윤활유 역할을 한다. 우리는 여기서 선물의 개념부터 먼저 짚고 넘어가야 한다.

선물이란 그야말로 선의의 뜻에서 주는 것이다. 무언가를 바라고 주게 되면 그것은 선물이 아니라 뇌물이 되어버린다. 특히 선물을 주면서 "이번 건, 잘 부탁합니다"라고 얘기하게 되면 받는 사람 입장에서는 선물이 아니라 부담스러운 혹으로 생각한다. 왜냐하면 이 선물은 부탁의 대가로 받는 것이고 그 부탁이 성사되지 못하면 이 선물을 돌려주어야 하기 때문이다.

그래서 선물은 그야말로 순수한 마음으로 주어야 하며 어떤 대가를 바라고 주어서는 안 된다. 그리고 어떤 대가를 바라는 시기를 피해서 평소에 주어야 한다.

일반적으로 선물은 내가 사기는 좀 뭐 하지만 갖고 싶은 것을 주는 것이 제일 효과적이다. 비싼 갈비세트나 굴비세트보다 가려운 데를 긁어주는 선물이 훨씬 더 효과적이고 기억에도 오래 남는 법이다.

대표적인 것이 책이다. 책은 주는 사람도 부담 없고 받는 사람도 기분 좋다. '아, 이 사람이 내가 책을 좋아하는 문화인으로 보는구나' 하고 생각한다. 각 분야의 베스트셀러를 사주면 더 좋다. 저 책은 읽고 싶은데 어찌 어찌 하다보면 서점에 갈 시간도 없고 그래서 잊고 있다가 그 책을 선물 받으면 무척 기분이 좋아진다.

선물을 주는 시기도 명절이나 크리스마스 같은 때보다는 평소에 주는 것이 좋다. 혹시 설이나 추석 등에 선물을 주어야 할 일이 생기면 명절 당일에 도착하는 것보다는 2주일 정도의 여유를 두고 미리 도착하도록 한다.

명절 근처가 되면 아무래도 선물을 받는 경우가 집중되

다 보니 선물을 보내고도 상대방이 내가 선물을 보냈는지 안 보냈는지 잘 모르는 경우가 있기 때문이다. 그래서 일찌 감치 선물을 보내면 상대방은 확실하게 내가 선물을 보낸 것을 기억하고 그 배우자 되는 분도 기억을 하게 된다.

또한 명절 근처가 되면 집중되는 배달로 말미암아 택배 회사에서도 본의 아니게 제 때에 배달하지 못하는 경우도 있다. 그래서 명절이 지난 다음에 선물이 도착한다면 상대방은 마지못해 선물을 보낸 것으로 오해할 수도 있다. 따라서 명절 선물은 충분한 시간을 두고 미리 보내는 것이 현명하다. 이 방법은 술집 웨이터들이 즐겨 쓰는 방법이기도 하다.

명절에 선물을 주는 것보다는 평소에 선물을 주는 것이 확실히 효과적이다. 왜냐하면 명절이 되어서 선물을 보내면 받는 쪽에서는 으레 그려러니 하고 가볍게 생각하고 잊어버리지만 평범한 날에 선물을 받게 되면 그것이 좋은 것이던 아니던 호감을 가지게 되기 때문이다.

특히 "저 번에 뵈었을 때 이런 것을 좋아한다고 하셨죠?"라고 상대방의 취향에 맞는 선물을 주면 상대방은 '아~ 내가 지난번에 한 얘기를 기억하고 있구나' 하면서 굉장히 고마워하고 친밀감도 높아진다. 그래서 적절한 타이밍에 주는 선물은 그 자체가 중요한 것이 아니라 함께 가는 메시지가 중요한 것이다.

선물을 줄 때는 남들이 다 하는 선물보다 본인이 아이디어를 짜내서 주어야 한다. 예를 들어, 대구지하철 참사가 있고 나서 3,000원짜리 산소 캔을 돌린 사람은 30만 원짜리 양주를 준 사람보다 더 오래 기억에 남을 것이다.

비싼 선물보다 절묘한 선물을

후배들이 아이를 낳거나 돌을 맞이하면 필자는 주식을 선물로 주곤 한다. 필자가 근무하는 교보증권 주식을 선물해주는데 주로 금반지 한 돈에 해당하는 금액만큼 주식을 산다. 주식을 실물로 출고하여 선물해주면 대부분이 주식 실물을 처음 보는 관계로 신기해하고 오랫동안 기억한다. 또한 아이 이름으로 증권회사에 계좌를 만들어 주식을 입고함으로서 배당금도 받을 수 있고 주가의 상승에 따라 시세차액도 누릴 수 있다.

교보증권 주식이 2,000원 갈 때 선물로 준 주식이 이후 8,000원까지 주가가 올라가자 무려 400%의 수익을 올리게

*주권

되었다. 자식에게 새로운 것을 해주고 싶은 것이 부모의 인지상정이라 이러한 이벤트는 오랫동안 기억에 남을 것이며 아이에게도 '김대중 아저씨' 라는 인물을 알릴 수 있는 기회가 된다.

K증권 법인부 출신인 최씨는 별명이 '하드맨' 이었다. 여름만 되면 하드를 사서 거래처를 방문했기 때문이다. 하나에 500원하는 하드를 20개 사도 1만 원 정도밖에 되지 않는다. 하지만 더운 여름날 땀을 흘리며 허덕이다가 최씨가 나눠 주는 하드를 먹은 사람들은 500원짜리 하드를 5,000원 같이 생각한다.

컴퓨터의 모니터에서 전자파가 나온다는 TV보도가 있

자 300원짜리 조그만 선인장을 사서 돌렸고 화재 사건이 난 다음날에는 3,000원짜리 차량용 소화기를 돌리기도 했다.

입장이 다른 연고

돼지, 면양, 젖소가 각 한 마리씩 같은 축사에서 갇혀 있었다.

어느 날 주인이 와 돼지를 잡아 데려가려고 하자 그는 죽으라고 울부짖으며 주인에게 맹렬하게 저항했다. 이때 면양과 젖소가 곁에서 이를 지켜보다가 돼지가 내는 큰 울부짖음에 지겨운 듯이 말했다.

"평소 주인이 자주 우리를 잡아서 데려가곤 했지만 결코 이렇게 큰소리를 내지는 않았었지."

그러자 돼지가 면양과 젖소를 바라보며 원망스런 투로 말했다.

"주인이 너희들을 데려가는 것은 단지 털을 깎고 젖을 짜기 위해서지만 나를 데려가는 것은 바로 내 목숨이 필요하기 때문이야!"

서쪽을 치려면 동쪽에서 소리를 내라

손자병법에 '성동격서' 라는 말이 있다. 이는 실제 목표는 서쪽인데 소리는 동쪽에서 내어 그 쪽을 공격하는 것처럼 보이게 하는 것이다.

이 글을 읽고 있는 독자가 영업직원이라면 꼭 관계를 맺고 싶은 사람이 있을 것이다. 그 사람과 친해지기 위해서 그 주변을 공략해보는 것도 좋은 방법이다. 사람의 평판이란 입소문으로 나는 것이어서 건물의 수위아저씨나 말단 직원에게도 좋은 인상을 심어주는 것이 좋다.

필자도 법인부 시절, 담당하는 법인의 여직원에게 가

끔씩 가벼운 선물을 주곤 했다. 스타킹을 주기도 했고 3,000원짜리 머리핀을 사다 주기도 했다. 그러면서 한 마디 던진다. "남대문 시장 지나가다가 이 머리핀을 봤는데 ㅇㅇ 씨 머리에 잘 어울릴 것 같아서…"라고하면 상대방은 아주 고마워한다. 더군다나 값비싼 선물이 아니기 때문에 전혀 부담을 느끼지도 않는다. 대부분의 사람들은 비싼 선물을 한 번 주는 것보다 싼 선물이라도 여러 번 주는 것을 더 좋아하는 법이다.

또한 회사의 로고가 새겨진 기념품이 나오면 꼭 따로 챙겨준다. 받는 사람 입장에서 회사의 로고가 새겨진 것은 그다지 부담이 없다. 어차피 판촉물로 만들어진 것이기 때문에 누가 그 기념품을 받든지 중요하지 않다.

이렇게 긴밀한 관계를 맺어 놓으면 분명히 결정적으로 도움을 받을 때가 있다. 담당자가 자리를 비울 때는 그 담당자 대신 동료직원과 환담을 나눌 수도 있고 그 과정에서 아주 중요한 단서를 발견할 수도 있다. 실제 필자도 이런 방법으로 톡톡히 재미를 본 경험이 있다.

저녁을 먹고 술을 마시는 것은 서로가 부담스러운 일이지만 간단한 선물이나 회사의 판촉물로 호의를 얻는다면 분명 좋은 주변 공략법이 될 것이다.

　운전기사들에게는 각별한 예의가 필요하다. 임원급 이상을 모시는 기사의 특성상 한정된 공간에서 많은 이야기를 나누는 유일한 사람이기 때문이다. 그들은 상대적으로 나이가 지긋한 경우가 많지만 임원을 모시는 부하라는 자격지심이 있을 수 있다. 그래서 이 분들에게는 더욱 더 공손하게 대해야 한다.

이벤트를 활용하라

　좋은 인맥을 만들기 위해서 때로는 이벤트도 준비해야 한다. 가장 먼저 생일이다. 사실 남자들은 자신의 생일에 대해 무덤덤한 경우가 많다. 하지만 여자들은 다르다. 자신의 생일을 알고 챙겨주는 사람에 대해서는 고마움을 오랫동안 간직한다. 하지만 다짜고짜 생일이 언제냐고 물어볼 수는 없는 노릇이다. 이럴 때에는 재치 있게 생일을 알아내는 방법이 있다.

　먼저 "제가 생일 한 번 맞춰 볼까요?" 하고 질문을 던진다. 대부분 "어떻게 내 생일을 알아맞힌다고 하지?" 하며 호기심에 그렇게 해보라고 한다. 그러면 아래와 같은 질문을 던진다.

1) 먼저 태어난 달에 4를 곱하세요.

2) 그 다음엔 5를 더하세요.

3) 이렇게 나온 숫자에 25를 곱하세요.

4) 그 다음엔 태어난 날을 더하세요.

이렇게 나오는 수에서 125를 뺀 숫자가 바로 생일이다.

이런 방식으로 결혼기념일도 모두 파악할 수 있다.

생일과 결혼기념일 등을 파악했다면 그 날짜에 맞추어 꽃 배달을 시켜도 좋고 선물을 보내도 좋다. 혹 자녀가 있는 집의 경우에는 먹을 것을 배달시켜 주는 것도 좋다.

필자는 주로 피자를 이용하는 편인데 점심시간에 피자를 상대방의 집으로 배달시킨다. 그럼 그 부인과 자녀는 아버지 덕분에 피자를 먹게 됨을 감사하며 아버지가 대단한 일을 하고 있는 줄 안다. 자연스럽게 아버지의 어깨가 으쓱 올라가는 것이다. 이렇게 아버지의 어깨를 올려주면 당연히 다음에 만났을 때 피자 잘 먹었다는 얘기를 듣게 된다.

자식 이기는 부모 없다

핵가족화가 진행되면서 가족간의 관계도 할아버지에서 손자로 이어지는 3대 구조가 아니라 부모와 자식의 2대 구조로 바뀌었다. 그리고 이런 구조 하에서 자식 이기는 부모가 점점 없어지고 있다.

원래 사랑이란 '내리사랑' 이라고 한다. 아무래도 부모님에 대한 사랑보다는 자식에 대한 사랑이 더 앞서는 것이 사실이다. 적절한 인맥을 유지하기 위해서는 상대방의 자녀에 대한 지식을 가지고 있는 것이 중요하다. 생일을 파악하는 것도 중요하고 특히 초등학교 이하의 어린이라면 어린이

날을 적극적으로 활용해야 한다.

인맥이 넓기로 유명한 김씨는 5월이 되면 여러 가지 선물을 산다. 첫 번째로 어린이날을 겨냥한 어린이 선물, 두 번째는 어버이날을 겨냥한 선물, 세 번째는 스승의 날을 겨냥한 선물이다.

이 중 가장 신경 쓰는 것이 어린이날 선물이다. 어린이날의 선물의 초점은 어린이의 눈높이에 맞는 선물을 고르는 것이다. 즉 부모들이 사주고 싶은 어린이날 선물은 책이 1등이지만, 어린이들이 받고 싶은 선물은 남자아이는 로봇, 여자아이는 인형이다. 어른의 눈높이에 맞추어 책이나 도서상품권을 선물한다면 아이들에게 환영받지 못한다. 환영받지 못하는 선물은 쉽게 잊혀지는 법이다.

그래서 김씨는 남자아이들을 위해서는 로봇종류, 여자아이를 위해서는 인형선물을 준비한다. 그냥 준비하는 것이 아니라 어린이 TV프로그램 중에 인기 있는 프로그램을 파악해서 그 주인공들의 선물을 사주는 것이다.

가능하면 직접 전달해준다. 이렇게 되면 아이들은 김씨를 아주 우호적으로 대하게 된다. 아이가 우호적으로 대하는데 부모라고 악의로 대할 리가 없다. 이런 전략으로 김씨는 아이들에게는 그야말로 '인기 짱' 이다.

어버이날과 스승의 날에는 값비싼 선물 대신 카네이션을 준비한다. 소포로 붙이기도 하고 가까운 곳은 직접 가서 달아드리기도 한다. 이런 김씨의 노력으로 친구의 부모님들이나 선생님들은 김씨를 친자식처럼 격의 없이 대한다.

자녀가 특목고나 일류대에 입학을 하게 되면 약간은 고가의 선물을 아이 이름으로 보내주면 그 부모들은 감동하기 십상이다.

현직 지점장인 강씨는 수익증권 유치를 위하여 거래처의 박전무에게 값비싼 선물을 여러 번 보내곤 했다. 하지만 고맙다는 전화 한 통 받지를 못했다. 그러던 와중에 박전무의 자제분이 특목고에 입학했다는 소식을 듣고 아이한테 MP3 플레이어를 선물로 보냈더니 그 다음날 박전무로부터 고맙다는 전화를 받게 되었다. 수익증권도 유치했음은 물론이다.

'한 턱 내라'와 축하의 선물

실제로 직장에서의 승진이나 자녀의 대학 합격 같은 좋은 일이 생기면 흔히 한 턱 내라는 말을 하는 사람이 많다.

인맥의 관점에서 본다면 이런 말을 하는 사람은 0점이다. 인맥을 소중히 여기는 사람이라면 "한 턱 내라"는 말 대신 축하의 선물을 준비한다. "승진을 축하합니다" 혹은 "자녀의 합격을 축하합니다" 라는 축하의 말과 선물을 받는다면 당사자들은 그 고마움을 잊지 못할 것이다.

한국 사람들의 특징 중 하나가 무엇이든지 받으면 자신도 그만큼 주어야 마음이 편하다는 것이다. 승진을 했다고 혹은 자녀가 합격했다고 선물까지 받았는데 어찌 그냥 지나갈 수 있으랴. 그래서 삼겹살 살 것을 등심으로 사고 소주 사 줄 것을 양주를 사주는 배포(?)를 보이기도 한다. 하지만 이런 축하 대신 한 턱 내라는 말부터 먼저 하면 '내가 승진하는 데 니가 도와 준거 있니?' 혹은 '우리 아들이 공부 열심히 해서 대학 갔는데 네가 보태 준 거 있냐?' 하는 역한 감정이 들 수도 있다.

그래서 축하해줄 일이 생기면 진심으로 축하해주는 마음과 정성이 필요하다.

직장생활을 하면서 어느 한 직원의 생일날 "오늘 생일이야? 한 턱 내!"라고 얘기하는 직원과 "오늘 생일이야? 점심 내가 사 줄게"하는 두 종류의 직원을 보게 된다. 당사자가 어느 사람에게 더 친밀감을 느낄지는 뻔한 일이다.

명함은
제2의 얼굴이다

처음 만나는 사람과 교환하는 것이 명함이다. 명함에는 이름과 소속단체와 직급, 전화번호와 이메일주소 등이 기록되어 있다. 이 명함이 인맥 만들기의 가장 기본적인밑거름이 된다. 이 명함을 어떻게 사용하느냐에 따라서 체계적인 인맥으로 완성되기도 하고 방만한 인연으로 끝나 버리는 경우도 있다.

일단 명함을 받게 되면 그 명함과 상대방의 얼굴을 매치할 수 있도록 빨리 외워두어야 한다. 그래서 명함을 받으면 바로 호주머니에 넣지 말고 명함에 적힌 이름, 회사, 직위, 주소 등을 반복해서 읽어보는 것이 좋다. 만일 앉은 자리라면 명함을 테이블 위에 올려놓고 대화를 진행하는 것이 좋다. 특히 다수의 사람들과 동시에 대화를 할 때에는 자리에 앉은 순서대로 명함을 펼쳐놓고 이야기를 나누면 훨씬 수월하다. 대화를 나누는 도중에 "참, 회사가 어디에 있었죠?"하면서 집어넣은 명함을 다시 꺼낸다면 이는 상대방에게 결례가 된다.

인맥이 넓은 사람과 좁은 사람은 명함을 받는 것을 보고서도 알 수 있다. 인맥이 넓은 사람은 명함을 받아 한참 있다가 호주머니에 집어넣는 반면 인맥이 좁은 사람은 바로 호주머니에 집어넣는다.

상대방으로부터 명함을 받으면 이 명함을 잘 간수하는 것이 중요하다. 예전과 달리 명함으로 이빨을 쑤시는 무례한 사람은 없겠지만 여기 저기 방치하여 필요할 때 그 명함을 찾지 못하는 우를 범하는 사람이 많다. 그래서 명함을 받으면 바로 명함집에 꽂아놓고 관리해야 한다. 그런데 명함의 숫자가 늘어나다보면 하나의 명함집으로는 부족한 경우도 있고 같은 회사 사람의 명함이 앞뒤로 존재하기도 하는 등 소팅(sorting)이 되어 있지 않은 경우가 많다.

효율적으로 명함을 관리하기 위해서는 명함집을 일단 몇 개로 분류하는 지혜가 필요하다. 그래서 공적인 명함집과 사적인 명함집으로 나누어서 보관한다. 공적인 명합집이란 거래처나 업무와 관련된 사람들의 명함을 모아 놓은 것이고 사적인 명합집이란 학맥이나 혈연 등의 인맥을 보관하는 것을 말한다.

1년에 한 번 정도는 자신이 보관하고 있는 명함을 '살아 있는 명함', '쉬고 있는 명함', '죽은 명함'으로 분류하는 작업을 하는 것이 좋다. 명함만 잔뜩 가지고 있다고 저절로 인맥이 형성되지는 않기 때문이다. 그러므로 명함을 적절하게 분류하여 죽은 명함 사이에 살아 있는 명함이 섞이지 않도록 해야 하고 살아 있는 명함 사이에 죽은 명함이 들어가지 않도록 해야 한다.

지위가 높은 사람이나 유명인의 명함을 가지고 있다고 해도 그 사람과 연락 한번 하지 않으면 그 명함은 죽은 명함이다. 이런 명함을 가지고 있는 것은 자기만족은 될지언정 인맥형성에는 아무런 도움도 되지 않는다. 이렇게 죽은 명함은 명함집에 끼우는 것 보다 상자 같은 곳에다 모아놓든지 차라리 버리는 편이 낫다.

이에 비해서 쉬고 있는 명함은 어떤 계기만 주어진다면 살아 있는 명함으로 바뀔 수 있는 명함이다. 따라서 이런 명함은 버리지 말고 따로 관리해야 한다.

명함의 효과적인 사용방법

명함을 명합집에 넣기 전에 반드시 해야 할 일이 있다. 명함의 빈 면에 만난 날짜와 장소 나눈 이야기를 요약해서 적어 놓는 것이다. 한 번 만나고 만 사람의 명함을 다시 들여다보면 이 사람이 누군지 혼동될 때가 많다. 이럴 때 약간의 메모라도 첨부되어 있다면 금방 누군지 기억이 날 것이다.

노무현 대통령을 국회의원시절에 인터뷰한 사람이 있었다. 이 사람이 노대통령을 만나자 인터뷰를 당하는 노대통령이 먼저 시시콜콜 사적인 질문을 하면서 명함에 메모를 하는 것을 보았단다. 사람의 이름과 얼굴이 매칭되지 않음으로서 발생할 수 있는 오류를 미리 예방한 것이다.

최근 인터넷의 발달로 무료로 명함관리 프로그램을 다운 받을 수 있다. 이런 프로그램을 이용한다면 훨씬 더 빨리 검색이 가능할 것이다. 만약 이런 프로그램이 미덥지 않다면 직접 엑셀을 활용하는 것도 한 방법이다. 엑셀로 데이터를 입력해놓는다면 필요할 때 이름이나 상호만으로 얼마든지 검색이 가능하기 때문이다.

간혹 명함이 다 떨어지고 없을 때가 있다. 영업맨으로서 이런 경우가 발생한다면 치욕(?)적인 일이기 때문에 영업맨들은 비상명함을 항상 가지고 다녀야 한다. 예를 들어 지갑에 몇 장의 명함을 넣어둔다든지 수첩에 몇 장의 명함을 꽂아두는 식이다.

그런데 비상명함까지 다 써버렸는데 명함을 주어야 할 경우가 생기면 당황할 수밖에 없다. 상대방은 명함도 받지 못한 본인을 쉽게 잊을 것이며 명함도 준비하지 못하는 자신에 대해서 호감을 가질 리가 만무하기 때문이다. 이럴 때에는 반드시 상대방의 주소로 편지와 함께 명함을 보내는 것이 좋다. "저는 지난번에 만났던 홍길동입니다. 지난번엔 제가 명함이 다 떨어져서 본의 아니게 결례를 범했습니다. 부디 양해해주십시오. 여기 제 명함을 동봉합니다." 이런 식으로 편지를 보내면 받는 사람 입장에서는 깊은 신뢰감이 쌓이게 된다.

명함의 뒷면을 활용하는 것도 한 방법이다. 대부분의

명함의 뒷면은 영어로 작성되어 있다. 물론 국제화 시대에 영어로 된 명함도 필요할 것이다. 하지만 국내에서만 통용되는 명함이라면 영어대신 자신을 소개할 수 있는 글을 쓰는 것도 좋은 방법이다. 언제 태어났는지 고향은 어디인지 학교는 어디를 졸업했는지 등을 적어 놓는다면 처음 만난 상대방이라도 경계심을 풀고 대할 것이다.

필자의 경우에는 그 동안의 저서를 명함 뒷면에 적어 놓았다. 필자는 증권사의 지점장이었기 때문에 섭외 활동을 자주 하게 되는데 필자가 '책을 몇 권 낸 저자' 임을 알아보면 대번 태도가 달라진다.

지점장이란 신분은 상업적인 신분이지만 저자라는 신분은 문학적인 신분이기 때문이다. 아직도 유교문화가 남아 있어 '글을 쓰는 사람' 에 대한 예우는 좋은 편이다. 자신이 가지고 있는 이런 장점을 명함 뒷면에 적어놓게 되면 개인 PR에도 큰 도움이 될 것이다.

디지털 시대에 적응하라

해마다 연말이 되면 새 수첩을 사서 주요 인물과 전화번호를 기입하곤 한다. 매년 이렇게 수첩에다 사람들의 이름과 전화번호를 기입하기 귀찮다면 탈착할 수 있는 전화번호부를 사용하는 것도 한 방법이다.

그것도 번거롭다면 전자수첩을 활용하는 방법도 있다. 전자수첩을 이용하면 메모의 기능과 전화번호부의 기능을 모두 활용할 수 있기 때문이다.

가끔 전자수첩의 배터리가 방전되거나 고장이 나서 입력해놓은 데이터를 모두 상실해 버리는 낭패를 당할 수도 있다. 이럴 때에 대비해서 가끔은 입력해놓은 데이터를 컴퓨터에 저장하는 것도 필요하다. 전자수첩과 컴퓨터 간의 자료전송이 가능하기 때문에 간단한 조작으로 데이터 상실을 예방할 수 있다.

최근에는 핸드폰에 전화번호부를 입력하는 사람도 많다. 전자수첩을 사기가 부담스러운 사람이라면 핸드폰을 이용하는 것도 한 방법이다. 요즈음에 나오는 핸드폰은 메모리 용량이 크기 때문에 웬만한 전자수첩 부럽지 않다.

전화번호뿐만 아니라 메모, 이메일, 생일, 팩스번호 등도 기록할 수 있고 전화번호를 입력하는 화면에는 얼굴사진이나 아바타 등도 입력할 수 있어 더욱 효과적이다.

핸드폰 중에도 사진을 찍을 수 있는 핸드폰을 소유하고 있다면 같이 사진을 찍는 것도 효과적이다. 물론 처음 만나자마자 사진부터 찍으려고 하면 상대방이 거부감을 느낄 수 있다. 따라서 적당한 기회를 포착하는 것이 중요하다. 몇 번 만난 다음이라든지 아니면 분위기가 좀 느슨한 틈을 타서 사진을 찍고 그 사진을 전송해주면 좋은 반응을 얻을 것이다.

특히 1:1의 만남이 아닌 특정 모임에서는 가급적 사진을 많이 찍는 것이 좋다. 이렇게 사진을 찍음으로써 다른 사람들과 구분되는 자신을 나타낼 수 있으며 그 날 모임이 끝난 후 집에서 이메일로 보내준다면 몇 시간 전의 생생한 기억 때문에 상대방은 나를 잊지 못할 것이다.

디지털 카메라 사진

디지털 카메라로 자신의 신변을 찍어 메일을 보내거나 자료를 보낼 때 첨부하는 것도 한 방법이다. 꼭 예술사진이 아니더라도 신변잡기를 찍은 사진이 더 감동적인 경우가 많다. 신호가 바뀌기를 기다리는 사람들 모습, 노을이 지는 저녁 서산, 비 내리는 한강… 이런 사진들을 디카로 찍어 유효 적절하게 사용할 수도 있을 것이다. 꼭 디카족이 아니라도 말이다.

또한 잘 찍은 사진을 인화해서 액자에 넣어주는 방법도 생각할 수 있다. 꼭 무슨 명절이 아니더라도 가끔씩 이런 선물을 받는 사람은 준 사람을 오랫동안 기억하는 법이다.

필자의 경우는 지인의 모습을 신문에서 발견하면 그 사진과 기사를 오려 액자로 예쁘게 포장한 다음 당사자에게 보내준다. 자신의 사진이 실린 액자를 선물 받은 당사자는

그 액자를 선물한 필자에게 몹시 고마워 하면서 이후에도
여러 번에 걸쳐서 감사함을 표했다.

말벌의 비극

어떤 이가 말벌의 생태에 관한 한 가지 실험을 했다. 그것은 예닐곱 마
리의 말벌을 나무상자 안에 가두고 밀봉한 다음 그들의 행동의 결과를
관찰하는 것이었다.

며칠이 지난 후 밀봉했던 상자를 열자 벌들은 모두 죽어있었고 나무
상자의 안쪽 벽에는 예닐곱 개 정도의 구멍이 파여 있었다. 그 구멍의
깊이는 모두가 나무 상자 두께의 절반을 초과하고 있었다.

만일 벌들이 하나의 구멍을 교대로 팠더라면 그들은 모두 상자를 빠져
나와 황천길을 면할 수 있었을 것이다. 그러나 안타깝게도 말벌들은
자기 구멍을 파는 일에만 몰두하다 마침내 모두가 죽음을 맞이하고 말
았다.

소박하고 순수한 편지를 써라

남에게 감동을 주려면 남들이 하지 않는 것을 할 줄 알아야 한다. 간단한 업무는 전화로 모두 끝내고, 이메일이라고 하는 것이 편지를 대신하는 시대가 됐다.

편지를 처음 받았을 때 '누가 보냈을까?' 하는 궁금증, 그리고 봉투를 뜯을 때의 '설렘'은 마우스의 클릭 몇 번으로 대체되어버렸다. 그래서 편지라고 하는 것은 대부분 인쇄된 봉투가 상징하는 상업성 편지가 되어버렸고 편지를 받을 때의 약간은 흥분된, 그런 미묘한 감정이 우리에겐 사라지기 시작했다.

이러한 상황에서 친근한 글씨가 적힌 편지를 받는다면 상대방은 묘한 기쁨을 느낄 것이다. 또한 이러한 편지는 같이 식사하고 술 마시고 하는 것보다 더 큰 감동을 줄 수 있지 않을까? 물론 글씨를 못 쓰는 사람이나 글 솜씨가 없는 사람들은 거부감을 느낄 수도 있을 것이다. 하지만 진정으로 필요한 것은 명필의 글씨체도 아니요, 미사여구가 깃든 글도 아니며 그저 소박하고 순수한 마음이 깃든 글이다.

연말연시의 연하장 대신 이런 편지를 보내는 것은 나를 다시 한번 더 돋보이게 하고 나의 인맥을 한 단계 더 높여줄 것이다. 연말연시가 아닐 때는 한여름에 편지를 보내는 것도 괜찮은 방법이다. 일본에서는 한여름에 안부편지를 보내는 관례가 있다고 한다. 굳이 일본의 전통이라 배격하지 말고 모방하는 것도 인맥을 높이는 한 방편이 될 듯 하다.

이메일과 팩스

편지 외에 생각할 수 있는 것이 이메일과 팩스다. 특히 문자가 아닌 그림의 경우를 전달하기 위해서는 이메일이나 팩스의 경우가 전화보다 효율적이다. 또한 상대방이 바쁠 때 전화를 하는 것은 결례가 되겠지만 이메일이나 팩스는 상대방이 한가한 시간에 볼 수 있다.

인터넷에 익숙한 사람에게는 이메일을 이용하는 것이 좋을 것이고 아직 인터넷에 익숙하지 않은 중년 이상의 분에게는 팩스를 사용하는 것이 좋을 것이다. 다만 팩스는 여러 사람이 볼 수 있다는 점에서 사적인 내용은 보내지 않는 것이 좋다.

팩스를 보낼 때는 자신만의 팩스양식을 이용하는 것이 좋다. 대부분의 팩스양식은 별다른 특색이 없는 A4사이즈로 사용되지만 자신만의 특별한 양식을 만들어 그 양식을 계속 사용한다면 상대방은 팩스의 양식만 보고도 그 팩스가 나한테서 온 것임을 알 수 있을 것이다.

필자가 수익증권 판매영업을 하던 당시에는 업무특성상 각 법인에 팩스를 보내는 일이 많았다. 팩스의 메일링서비스를 이용하여 한 번만 팩스를 통과시키면 필자가 미리 입력한 곳의 팩스로 모두 전송이 되는데 특이한 점은 필자만의 양식을 사용했다는 점이다.

'상품별 수익율표'를 보내면서 하단에 방긋 웃는 곰의 캐릭터를 사용하였는데 이 캐릭터로 인해서 곰이 들어가 있는 문서는 모두 필자가 보낸 것으로 인식하게 되었다.

또한 필자는 연말이 되면 연하장 대신 편지를 보낸다. '지난 한 해 도와주서서 고맙고 앞으로도 잘 부탁드린다. 새해 복 많이 받으시라' 라고 하는 상투적인 카드보다는 '지난 한 해 내가 이렇게 살아왔다. 좋은 일은 어떤 일이 있었고 나쁜 일은 어떤 일이 있었다. 1년 동안 나에게 많은 일이 일어났지만 그 중에서 가장 기억에 남는 것은 당신과 좋은 관계를 유지한 것이다. 새해에도 우리의 이런 좋은 관계가 계속 이어졌으면 좋겠다. 새해 복 많이 받으시고 건강하시라' 는 내용의 장문의 편지를 보낸다.

단순한 연하장을 받은 사람은 보낸 사람이 누구인지 한 번 쓱~ 보고 지나가겠지만 이런 장문의 편지를 받은 사람은 감동할 수밖에 없다.

인맥노트를 만들어라

사람은 망각의 동물이어서 쉽게 잊어버리고 산다. 그러다보니 '저 분의 아들 이름이 뭐였더라?' 하며 속으로 곰곰히 생각해보지만 생각날 리가 만무하다. 아무리 흐린 잉크도 사람의 기억력보다는 낫다고 했다. 그래서 인맥노트를 활용하면 많은 도움이 된다.

먼저 앞 장에는 그 사람의 기본사항에 대해서 적는다. 처음에는 명함에 있는 것만 적을 수밖에 없다. 그 사람에 대해 점점 더 알아갈수록 그 빈 칸도 점점 줄어들 것이며 그 빈 칸이 다 채워지는 날에는 인연이 인맥으로 바뀌게 되는 순간이다. 어찌 보면 사소하다고 생각되는 것들도 모두 적는 것이 중요하다.

습관이라든지, 술버릇 같은 것들도 모두 파악 되는대로 적어 둔다. 이렇게 사소하게 적힌 정보들이 인맥관리에 큰 도움이 되는 경우가 허다하다. 물론 귀찮고 번거로운 일이 겠지만 이렇게 철저하게 메모하고 기록하는 수고스러움을 감수한다면 인맥노트의 내용은 굉장히 알차질 것이다.

뒷면에는 만난 날짜를 기록하고 직접 만난 내용과 통화한 내용을 구분해서 그 내용을 간략히 적어놓는다. 굳이 형식을 따지지 말고 전화통화를 하며 간단하게 적는 것이다. 이런 히스토리가 계속 축적이 되면 그 사람에 관한 거의 모든 것을 다 파악할 수 있게 된다. 경험상 통화가 끝나고 나서 정서하는 것보다 통화를 하면서 자연스레 기록하는 것이 훨씬 좋았다.

◎ 인맥노트 샘플

(앞면)

이름	홍길동	생 일	1948. 4. 26
전화번호	02-000-0000	핸드폰	010-000-0000
주 소	서울시 강남구 압구정동 현대아파트 00동 000호		
직 업	건축사무소	직 책	부장
배우자 성명	심청이	배우자 생일	1950. 6. 25
자녀 성명	홍일식	자녀 생일	1977. 5. 22
자녀 성명	홍향단	자녀 생일	1982. 3. 25
흡연량	하루 반갑	취 미	1948. 4. 26
좋아하는 음식	토하젓	주 량	골프
즐겨 피는 담배	에세 라이트	잘 가는 술집	소주 1병
허리 사이즈	34	티셔츠	105호

(뒷면)

날 짜	구 분	정보 취득 사항
2004. 6. 15	대면	따님 연세대학교 4학년에 재학 중
2004. 6. 30	통화	다음 달 사무실 이전 계획
2004. 7. 5	통화	골프회원권은 평창 CC 소유

인터넷을 활용하라

현대는 인터넷의 시대다. 특히 많은 인구가 좁은 국토에 몰려있는 우리나라와 같은 경우는 전국 방방곡곡에 모두 인터넷 선이 깔려 있어서 인터넷 보급강국의 면모를 드러낸다. 이 인터넷을 인맥에 활용하는 방법은 앞으로 점점 더 늘어날 것이다.

실제로 미국에서는 서로 아는 사람을 연결해주는 인터넷 데이트서비스 '프렌드스터'가 큰 인기를 끌고 있다고 한다. 국내의 각 포털 사이트의 개인 블로그에는 인맥 관리용 기능이 비치되어 있다.

가장 먼저 생각할 수 있는 것은 자신의 홈페이지 구축이다. 인터넷이라고 하는 것이 생겨남으로써 우리는 돈 한 푼 들이지 않고 나에 대해서 홍보할 수 있는 기회를 가지게 되었다. TV나 라디오, 신문 등에 홍보하려면 큰 금액이 필요하지만 나의 홈페이지는 전혀 돈이 필요 없다. 무료로 자신의 홈페이지를 구축하도록 저장 공간을 주는 곳이 인터넷에는 수두룩하다.

자신의 홈페이지를 만들 때에는 적당한 자신의 홍보도 필요하지만 그 외에도 실용적인 정보들이 있어야 찾아오는 사람들이 늘어난다. 실용적인 정보들도 한 번 입력해 놓고 계속 방치한다면 오히려 게으른 사람으로 낙인찍힐 수가 있기 때문에 수시로 업데이트 해주어야 한다.

물론 상업적인 홈페이지가 아니고 개인홈페이지이기 때문에 매일 업데이트 할 필요는 없겠지만 일주일에 한 번, 최소한 한달에 한 번은 업데이트를 해주어야 한다. 또한 방명록에 글을 남긴 사람들에 대한 답장도 잊어서는 안 된다. 이런 커뮤너티가 형성되어야만 홈페이지의 방문객도 늘어나고 방문객이 늘어나는 만큼 나의 홍보도 같이 이루어질 것이다.

블로그 활용

만일 컴퓨터 실력이 없어서 자신의 홈페이지를 만드는 데 부담을 느낀다면 미니홈페이지, 블로그를 활용하는 것도 한 방법이다. 미니홈페이지로 유명한 싸이월드에는 '1촌'이라 불리는 인맥의 그물이 있다.

비슷한 것으로 드림위즈의 홈피에서는 최대 5단계까지 친구 맺기가 가능한 프렌즈 서비스를 제공하고 있다. 실제 드림위즈 홈피 친구가 1명만 있으면 5단계 검색을 통해서 1,000명 이상의 친구를 만나게 되는 것을 경험할 수 있다.

홈피와 더불어 이메일과 메신저의 활용도 적극적이어야 한다. 최근 들어 각 사이트마다 이메일의 용량을 100M

◎ 포털 사이트 인맥서비스 현황

싸이월드	미니홈피	http://cyworld.nate.com	1촌 친구맺기
세이클럽	세이홈피	http://hompy.sayclub.com	인맥지도시스템, 7단계까지 확인
드림위즈	홈피	http://hompy.dreamwiz.com	5단계까지 친구맺기 가능
하나포스닷컴	레페	http://lefe.hanafos.com	싱글들의 이상형 찾기 서비스
넥슨	프렌즈잇	http://www.frenzit.com	3단계까지 친구 연결
파란	마이넷	http://mynet.paran.com	4촌까지 인맥지도 제공
NHN	플랜홋	http://www.planhood.com	개인, 업무용 인맥관리 프로그램

이상 제공하고 있으며 심지어는 무제한으로 제공하는 사이트도 있다.

이메일을 사용할 때의 주의할 점은 몇 개의 이메일을 용도에 맞게 분류해서 사용하라는 것이다.

즉 게시판 등에 공개되는 이메일은 yahoo로, 사적인 메일은 naver로, 업무적인 메일은 empal로 하는 식이다. 게시판 등에 이메일을 남길 경우 수많은 스팸메일이 쏟아지므로 미리 공개이메일을 하나로 지정해서 활용하는 것이 현명하다.

이러한 인터넷을 이용한 온라인 인맥을 온라인 인맥으로만 끝내지 말고 오프라인 인맥으로 바꾸기 위한 노력이 필요하다. 소위 번개를 한다든지 아니면 이벤트를 만드는 것도 한 방법이다.

증권영업을 하는 이대리는 젊은 신세대답게 매월 말 고객들의 잔고를 이메일을 통해서 보내고 있다. 간단한 인사말과 함께 고객의 자산현황을 엑셀로 만들어서 첨부하면 고객들은 이메일을 통해 잔고를 확인한다. 특히 늘 인터넷에 접속하는 사람들에게는 메신저로 정보를 제공하고 있다.

메신저의 장점은 그룹을 지정해놓으면 동시에 많은 사

람들에게 같은 정보를 제공할 수 있기 때문에 신속한 이점
이 있고 수고스러움도 덜하다. 일일이 전화를 한다면 아마
상당한 시간이 경과할 것이고 그 사이에 일이 또 어떻게 진
행될지 알 수 없기 때문이다.

마구간에서 제일 어려운 일

어느 날 제 환공이 재상 관중을 거느리고 마장(馬場)을 시찰하러 갔다.
그가 마장을 담당하는 관원에게 물었다.
"마구간에서 제일 어려운 일이 무엇인가?"
관원이 채 대답을 시작하기도 전에 관중이 먼저 말을 꺼냈다.
"제가 예전에 마부 일을 해본 적이 있어 잘 압니다. 말들이 각각 들어
갈 울타리를 배열하여 만드는 일이 마구간에서 제일 어렵습니다. 만일
굽은 목재를 먼저 쓰게 되면 그 후의 모든 목재는 굽은 것들만 써야합
니다. 그렇게 되면 곧은 목재는 전혀 쓸모가 없게 되지요. 그러나 처음
한번 곧은 목재를 쓰게 되면 그 후의 목재는 또 모두 곧은 것들만 써야
합니다. 굽은 목재는 하나도 쓸 수 없게 되지요." 〈管子〉

점심시간을 활용하라

일에 치이고 바빠 죽겠는데 언제 인맥을 만드냐는 하소연을 하는 직장인을 흔히 보게 된다. 이렇게 얘기하는 대부분의 사람들은 실제 시간적인 여유가 있어도 인맥을 만드는데 게으름을 피운다. 실제 내가 지금 시간이 없더라도 없는 시간을 쪼개어서 활용하는 지혜가 필요하다.

직장인들이 가장 활용할 수 있는 방법 중 하나는 점심시간을 활용하는 것이다. 어느 기업이나 점심시간은 제공하고 있고 또 대부분의 사람들은 점심식사는 하고 일을 한다. 이 시간에 나와 가까운 거리에 있는 사람을 만날 수 있다면 적극 활용할 줄 알아야 한다. 물론 증권회사의 직원같이 점심시간이 제대로 제공되지 않는 업종에 종사하는 경우는 다를 것이다.

증권회사에서 주식영업을 하는 직원들은 점심시간도 없이 진행되는 주가의 움직임 때문에 햄버거나 샌드위치로 점심을 때우기도 하고 혹은 점심을 먹어도 설렁탕 한 그릇을 후다닥 먹고 빨리 들어오는 경우가 태반이다. 하지만 이러한 특수한 경우가 아니라면 역시 점심시간은 활용하는 것이 옳다.

최근의 증권사의 영업이 주식영업에서 자산관리영업으로 점차 변하고 있어 앞으로는 증권사 영업직원들도 마음 편히 점심식사를 할 수 있을 것으로 보인다.

늘 같은 회사의 동료와 점심을 먹는 사람에게 점심시간이라고 하는 것은 그저 나의 배를 채우기 위한 동물적인 시간밖에 되지 않는다. 하지만 늘 가까운 거리에 있는 사람들을 찾아내 식사하는 사람은 나의 인맥을 채우는 생산적인 시간이 되는 것이다. '오늘 점심은 또 뭘 먹나?' 하고 고민하는 사람이 되지 말고 '오늘은 누구와 점심을 먹을까?' 를 고민하는 사람이 되어야 한다.

점심 망년회

회사가 여의도에 있는 노씨의 일과는 점심시간 스케줄 짜는 것으로 시작되는데 그는 점심시간이면 항상 외부사람들과 어울려 점심을 먹는다. 점심 약속을 정하지 않으면 같은 회사의 직원들과 점심을 먹으러 가야하고 그러면 화제가 늘 회사로 한정되기 때문이다. 그래서 그는 같은 업종이 아닌 다른 업종에 종사하는 사람들과 어울려 점심을 먹으며 이런 저런 이야기를 나누며 정보도 수집하고 인맥도 키운다.

한 달에 한 번 정도는 근처의 지인들을 모두 한 자리에 모아 같이 식사를 한다. 이 때에는 점심시간이 1시간을 약간 오버하기도 하는데 이 자리에서 서로 궁금했던 소식들이 서로 오고간다.

특히 연말에 있는 망년회를 저녁에 하지 않고 점심 때 한다. 사실 저녁에 하는 망년회는 술이 빠질 수 없고 술이 한두 잔 들어가면 오랜만에 친구를 만났다는 방심 때문에 과음을 하게 되고 그 다음 날 업무에도 지장을 주기 쉽다. 또한 저녁약속에는 피치 못한 사정으로 참석하지 못하는 사람들도 많지만 점심 때 하는 망년회는 시간이 짧다는 아쉬움은

있지만 빠지는 사람없이 모두 다 한 자리에 모일 수 있어서
좋다.

고생을 사서 한 맹인

물이 바짝 마른 한 줄기 내가 있었다. 그 내에 놓여진 나무다리 위로 한 맹인이 지나가다 발을 헛디뎌 떨어졌다. 그는 얼른 두 손으로 다리 난간을 잡았다.

간이 콩알 만해진 맹인은 난간을 필사적으로 꽉 부여잡았다. 만일 실수해 떨어지면 물에 빠져 죽을 것으로 생각했기 때문이다. 길 가던 사람들이 그에게 알려 주었다.

"겁내지 마시오. 손을 놓아도 괜찮소. 밑에는 물이 말라 땅이라오."

그러나 맹인은 행인들의 말을 믿지 많고 여전히 난간을 부여잡고 놓지 않았다. 시간이 오래 지나 힘이 빠진 맹인은 결국 큰 소리로 울기 시작했다. 그리고 마침내 손이 풀려 밑으로 떨어지고 말았다.

얼떨결에 떨어져 바닥이 땅임을 확인한 맹인은 그제야 웃으며 말했다.

"진작 바닥이 땅인 줄 알았더라면 왜 그렇게 오랫동안 고생했단 말이야!"

앉아서 영업하던 시대는 끝났다

금융의 겸업화가 진행되고 있다.

은행원들이 보험을 팔고, 보험회사의 설계사들이 수익증권을 팔며, 증권사 직원이 대출에 나서고 있다. 이렇게 전 금융기관의 벽이 허물어짐에 따라 이에 종사하는 금융인들의 영업 영역도 그만큼 넓어지고 있다.

또한 많은 금융기관들이 자산관리영업을 표방하고 있다. 은행, 보험회사는 물론 증권회사도 자산관리 영업에 나서고 있다.

자산관리 영업을 하겠다는 금융기관이 한결같이 강조하는 것이 바로 ODS(Out Door Sales)다. ODS를 은행에서는 판촉, 보험에서는 개척, 증권에서는 섭외라고도 한다.

이렇게 모든 금융기관이 이제는 더 이상 앉아서 하는 영업이 아니라 밖으로 나가서 하는 영업을 하겠다고 선언하고 있다. 따라서 이제 더 이상 금융은 인바운드 영업이 아니라 철저한 아웃바운드 영업으로 전개되어 나갈 전망이다.

이런 시대의 변화 속에서도 아직 많은 금융인들은 아웃바운드 영업에 어색해 하고 있다. 무엇을 어떻게 전개해나가야 할지 감이 잡히지 않는다. 어디로 가서 누구를 만나 어떤 이야기를 나누어야 하는지 사전 지식이 없다 보니 당황하게 된다.

이렇게 당황하는 가장 큰 이유는 평소에 인맥관리가 제대로 되어있지 않기 때문이다. 평소에 인맥이 잘 갖추어진 사람이라면 만나야 할 사람도 많을 것이고 해야 할 이야기도 많을 것이다. 제3자를 소개받기도 유리할 것이며 뜻하지 않은 곳에서 도움도 받을 수도 있을 것이다.

필자는 신입사원시절부터 아웃바운드 영업에 익숙하게 단련되었다. 특히 소매영업과 채권영업, 법인영업을 두루 거치면서 사람을 만나고 대하는 법을 배웠다. 그리고 그 인연의 끈을 놓지 않았다.

그 결과 어떤 사람과는 어떤 이야기를 나누어야 하고 어떤 부류에는 어떤 식으로 접근해야 하는지에 대해 나름대로의 노하우를 가지게 되었다. 이 책은 이러한 필자의 노하우와 경험이 많이 묻어 있는 이야기들이다. 따라서 책의 서문에서 이야기 했듯이 독자에 따라서는 '저건 아닌데……' 하는 부분도 있을 수 있을 것이다.

하지만 분명한 것은 앞으로 우리의 인생에서 인맥이라고 하는 것이 가장 강력한 무기가 될 것이라는 사실이다.

결국은 인맥이다.

'왜 평소에 인맥 관리를 제대로 하지 않았던가!' 하고 후회하기 전에 지금이라도 제대로 된 인맥 관리를 위해서 노력해야 한다.

아직도 늦지 않았다.

지금 당장 나의 인맥을 점검해보고 효율적으로 관리한다면 1년 뒤, 2년 뒤, 5년 뒤의 우리 모습은 몰라보게 달라져 있을 것이다.

오늘 몇 명과 악수했는가?
그 사람들을 기억하라.
그리고 그 사람들을 놓치지 마라!
인맥 만들기는 이렇게 시작된다.

악수한 사람을 놓치지 마라

펴낸날 2005년 12월 5일 초판 1쇄

지은이 김대중
펴낸이 김석규
펴낸곳 매경출판(주)
등 록 2003년 4월 24일(No. 2-3759)
주 소 우)100-728 서울 중구 필동1가 30번지 매경미디어센터 9F
전 화 02)2000-2610~2, 2632(기획팀) 02)2000-2645(영업팀)
팩 스 02)2000-2609
이메일 publish@mk.co.kr

ISBN 89-7442-363-4
값 9,000원